全国职业病诊疗康复人才培训系列教材

职业健康检查

国家卫生健康委职业健康司　组织编写

孙道远　李　涛　主编

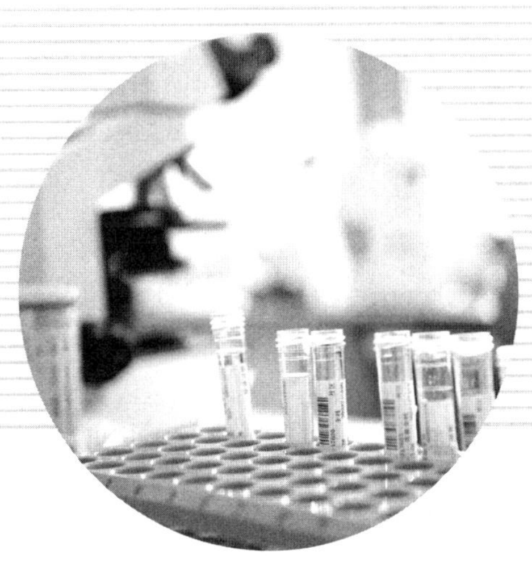

图书在版编目（CIP）数据

职业健康检查 / 国家卫生健康委职业健康司组织编写 . -- 北京：中国人口与健康出版社，2025. 9.
（全国职业病诊疗康复人才培训系列教材）. -- ISBN 978-7-5238-0433-9

Ⅰ. R598

中国国家版本馆 CIP 数据核字第 2025EN8964 号

全国职业病诊疗康复人才培训系列教材

职业健康检查

QUANGUO ZHIYEBING ZHENLIAO KANGFU RENCAI PEIXUN XILIE JIAOCAI

ZHIYE JIANKANG JIANCHA

国家卫生健康委职业健康司　组织编写

责任编辑　李春荣　赵晓昀
责任设计　刘海刚
责任印制　任伟英
出版发行　中国人口与健康出版社
印　　刷　天津中印联印务有限公司
开　　本　889 毫米 ×1194 毫米　1/16
印　　张　9.5
字　　数　252 千字
版　　次　2025 年 9 月第 1 版
印　　次　2025 年 9 月第 1 次印刷
书　　号　ISBN 978-7-5238-0433-9
定　　价　42.00 元

微 信 ID　中国人口与健康出版社
图书订购　中国人口与健康出版社天猫旗舰店
新浪微博　@ 中国人口与健康出版社
电子信箱　rkcbs@126.com
总编室电话　（010）83519392　　**发行部电话**　（010）83557247
办公室电话　（010）83519400　　**网销部电话**　（010）83530809
传　　真　（010）83519400
地　　址　北京市海淀区交大东路甲 36 号
邮　　编　100044

全国职业病诊疗康复人才培训系列教材
编写指导委员会

《职业健康检查》编委会

主　　编： 孙道远　同济大学附属上海市肺科医院（上海市职业病防治院）

李　涛　中国疾病预防控制中心职业卫生与中毒控制所

副 主 编： 陈善豪　同济大学附属上海市肺科医院（上海市职业病防治院）

张静波　同济大学附属上海市肺科医院（上海市职业病防治院）

编写人员：（按姓氏笔画排序）

王　丹　中国疾病预防控制中心职业卫生与中毒控制所

王多多　湖南省职业病防治院

李　文　湖南省职业病防治院

李　鹏　山东省职业卫生与职业病防治研究院

杨爱初　广东省职业病防治院

余　晨　中国疾病预防控制中心职业卫生与中毒控制所

胡伟江　中国疾病预防控制中心职业卫生与中毒控制所

秦　莹　四川大学华西第四医院（四川省职业病防治院）

郭孔荣　同济大学附属上海市肺科医院（上海市职业病防治院）

常晓峰　鞍钢集团总医院职业病防治院

寇振霞　甘肃省疾病预防控制中心（甘肃省预防医学科学院）

序言

人民健康是民族昌盛和国家富强的重要标志，职业健康关系亿万劳动者身心健康和家庭幸福，党中央、国务院历来高度重视职业健康工作。党的十八大以来，以习近平同志为核心的党中央坚持以人民为中心的发展思想，把保障人民健康放在优先发展的战略地位，提出从以治病为中心转变为以人民健康为中心，实施健康中国战略，将健康融入所有政策，为人民群众提供全方位全周期健康服务。党的二十届三中全会明确提出实施健康优先发展战略，健全公共卫生体系，促进社会共治、医防协同、医防融合，强化监测预警、风险评估、医疗救治等能力。

我国正处于工业化、城镇化快速发展阶段，广大劳动者在职业活动中接触的职业病危害因素日益复杂多样，职业性尘肺病、职业中毒等传统职业病防治形势仍然严峻，肌肉骨骼系统疾病和工作压力导致的生理、心理问题正成为亟待应对的职业健康新挑战。保障劳动者健康，做好职业病诊疗康复工作，需要大力加强专业技术人才培养，加强职业卫生放射卫生服务能力建设，以适应新时代职业健康工作需要。

按照《“健康中国2030”规划纲要》《国家职业病防治规划（2021—2025年）》等要求，国家卫生健康委将职业病诊疗康复人才培训纳入卫生健康人才培养项目。为加强人才培训培养工作的专业性、规范性和实效性，国家卫生健康委职业健康司组织编写了“全国职业病诊疗康复人才培训系列教材”，共10种，分别是《职业健康检查》《职业病诊断与鉴定》《职业性尘肺病》《职业性化学中毒》《职业性噪声聋》《职业性皮肤病及其他职业病》《放射工作人员职业健康检查》《职业性放射性疾病》《工作相关肌肉骨骼疾病》《工作相关精神和行为障碍》。

本套教材由200多位来自疾病预防控制机构、职业病防治院所、专科医院等职业病诊断、治疗和康复相关领域的专家学者共同编写，内容丰富、科学系统，具有较强的专业性、科学性、针对性、实用性，既可用于职业病诊疗康复人员的培训，也可供职业健康监管人员、用人单位职业卫生管理人员、职业健康技术服务人员以及大专院校相关专业师生学习参考。

因时间仓促，本套教材虽经多次讨论和修改，但难免会有不妥和错误之处，欢迎广大读者批评指正。

全国职业病诊疗康复人才培训系列教材

编写指导委员会

2025年6月

前言

在当今快速发展的工业化社会中，职业健康已成为一个不容忽视的重要议题。随着工作环境的日益复杂和多样化，劳动者在职业活动中可能接触各种各样的职业病危害因素。这些因素长期作用于人体，导致劳动者发生职业健康损害，甚至罹患职业病，严重危害其身体健康。因此，职业健康检查作为预防和控制职业病的重要手段，显得尤为重要。职业健康检查是针对从事特定职业或接触特定职业病危害因素的劳动者进行的医学检查，从而早期发现职业病、职业禁忌证及其他可能的健康损害。职业健康检查也是劳动者职业健康监护的重要一环，通过职业健康大数据和信息，为工作场所消除与控制职业病危害因素提供有力的科学依据。全社会应高度重视职业健康检查工作，加强宣传教育，提高劳动者和用人单位的认知水平；政府部门和相关机构也应加强对职业健康检查工作的监督和管理，确保职业健康检查工作的质量和效果，从而更好地预防和控制职业病的发生，保护劳动者的健康权益，为构建和谐社会和推动社会经济发展作出积极贡献。

《职业健康检查》为全国职业病诊疗康复人才培训系列教材之一，依据我国职业健康监护及相关工作最新的标准与规范编写，旨在介绍职业健康检查的基本理论、常规职业健康检查的内容和方法，以及接触不同职业病危害因素可能对劳动者健康产生的危害和影响。全书共分为七章，主要内容包括职业健康检查的理论、方法及技术要点，职业健康检查结论与报告，医学检查与生物样本检测，职业健康监护档案管理与劳动者隐私保护，我国职业健康检查发展与实践，职业健康检查典型案例分析，同时对职业健康相关国际组织发布的文件、部分国家的职业健康检查工作进行了简要介绍。

本书内容全面、准确、实用，同时注重政治性、科学性、规范性和实践性，紧密结合当前职业健康检查工作的实际需求和发展趋势，融汇多位专家教授多年的教学、科研及检查工作经验，力求为读者提供与时俱进的理论知识和实践技能。在阐述各项工作基本要求的同时，更注重操作技术的实用性，尽力为从事职业健康检查的工作人员提供详细的操作规程和指南，确保从业人员能够规范、有效地开展职业健康检查工作。

本书是在国家卫生健康委职业健康司的具体指导下，由来自全国疾病预防控制机构、职业病防治院所等单位的知名专家、学者共同执笔撰写，由孙道远、李涛担任主编，陈善豪、张静波担任副主编。在此，谨向参与教材编写的各位专家、老师的辛勤付出，向来自各方面的支持帮助，一并表示衷心感谢。

由于编者经验、水平有限，书中难免存在不足甚或错误，敬请各位同行和读者批评、指正，以便再版时修订。

《职业健康检查》编委会

2025 年 6 月

目 录

01

第一章　总　论

第一节　职业健康管理与职业健康监护的基本理论

一、职业健康的定义

健康是人类全生命周期的基本权利，世界卫生组织（World Health Organization，WHO）提出“健康不仅是躯体没有疾病和虚弱的现象，还要具备心理健康、社会适应良好和道德健康”。由此可见，现代健康的内涵包括：躯体健康、心理健康、心灵健康、社会健康、智力健康、道德健康、环境健康等。

职业健康旨在保护和研究人在职业生涯周期内的健康，是全生命周期健康的重要环节，其主要内涵是预防因工作原因而导致的疾病，或者防止原有疾病的恶化。职业健康的定义有很多种，1950 年由国际劳工组织（International Labour Organization，ILO）和 WHO 的职业联合委员会给出的定义：职业健康应以促进并维持各行业职工的生理、心理及社交处在最好状态为目的；并防止职工的健康受工作环境影响；保护职工不受健康危害因素伤害；将职工安排在适合他们的生理和心理的工作环境中。此外，国际职业卫生协会（International Commission on Occupational Health，ICOH）对职业健康的定义：职业健康是对工作场所内健康危害进行预测、识别、评估和控制的一门科学，其目的为保护劳动者的健康和福祉，保障社会安全。我国科技名词术语对职业健康给出的定义：职业健康是公共卫生的一个领域，旨在促进和维持劳动者最高程度的身心健康、社会和环境健康，保护劳动者免受职业病危害因素造成的风险，使劳动者处于与其生理和心理能力相适应的工作环境，即工作环境适应于人，人适应其工作环境。

二、职业健康管理

我国党和政府历来高度重视职业病防治工作，把职业病防治作为重要的劳动保护工作，于 2001 年 10 月颁布了《中华人民共和国职业病防治法》（以下简称《职业病防治法》），并自 2002 年 5 月 1 日起施行。该法颁布实施后，我国依据职业病防治的三级预防策略，建立了职业病防治体系。近几年，随着健康中国建设战略的深入实施，在国家卫生健康委的组织领导下，建立和完善职业健康管理体系已成为现阶段的工作重点。

（一）职业健康管理的职责

职业健康管理是对劳动者因接触职业病危害因素造成的潜在健康威胁或风险进行全面管理的过程，以及采取的手段，其地位与作用不容忽视，既涵盖了预防职业健康损害的所有要素，也是提高劳动者心理健康、社会福祉的手段，旨在控制用人单位工作场所职业病危害因素，预防职业健康损害的发生和发展。随着工业化快速发展，职业危害对劳动者的身心健康和社会经济发展造成严重影响的问题日益凸显，并影响用人单位可持续发展及社会和谐稳定。政府对职业健康起到主导作用，《职业病防治法》的实施，相关部门规章和技术规范的制订发布，科学规范了对保护劳动者职业健康要求，特别是对用人单位加强职业病防治的要求。用人单位应在国家法律法规框架下，依法承担职业病防治的主体责任，在职业卫生、工程防护、职业病诊断医师等专业人员的技术支撑下制订和实施一系列适合用人单位生产特点的职业病防治措施。重视和加强职业健康管理是达到职业病防治及劳动者职业健康这一目标的重要环节。政府相关行政部门主要是对用人单位在职业病防治中的政策引导和监督管理。职业健康服务机构是职业健康管理的实施主体，是职业健康管理的核心执行者和技术支撑力量，承担着政府工作的延伸，也是服务企业、协助企业管理的专业队伍。

（二）职业健康管理的内涵

国际上，用人单位内部对特定工作场所采取的职业健康管理策略可归纳为以作业环境管理（工作场所管理）、作业管理（控制干预管理）、劳动者健康管理为主的综合管理体系，在某些情况下，还包括一般管理、职业健康教育、健康促进等。

1. 作业环境管理

作业环境管理即识别工作场所在生产工艺、劳动过程以及特定生产环境中的职业病危害因素，分析评估危害因素所导致的职业健康风险，通过定期的职业病危害因素监测，掌握工作场所职业危害的程度和分布情况，为进一步提升作业管理手段提供依据。

2. 作业管理

作业管理就是尽可能消除在作业环境管理及劳动者健康管理中发现的问题，针对工作场所存在的职业病危害因素采取各项措施进行控制，达到消除、减弱、限制职业病危害因素的目的，其手段包括改善通风设施、改善作业方式、加强劳动者的个体防护、必要时使用某些临时防护设备作为应急措施等，直到工作场所职业危害情况改进完成。

3. 劳动者健康管理

劳动者健康管理的主要工作方法是通过连续和系统收集、分析劳动者的职业健康检查资料及生物监测（内暴露检测）结果，监测早期职业健康损害、职业病和工伤发生情况的过程，其核心是通过系统性、有针对性的医学检查、行之有效的医疗干预等手段，及时发现和处理劳动者身心健康问题，保障劳动者的身体健康、心理健康以及提高其适应工作的能力，并将劳动者出现的健康问题及时反馈给作业管理与作业环境管理环节。劳动者健康管理还包括健康教育、心理辅导、工伤管理等。

职业健康管理中的三个管理呈密不可分并相互契合、环形运转的循环方式，即对劳动者健康及危险因素的监测（发现健康及可能影响健康的问题）——评价（识别健康问题性质，与影响健康的问题之间关系）——干预（解决影响健康的问题），其中监测是基础，评价是关键，干预是核心。在整个管理过程中，三个管理相互验证，经过闭环的反复循环，及时解决可能影响劳动者健康的问题，保证健康管理方式持续有效，使劳动者始终保持身心健康。

三、职业健康监测

职业健康管理模式和过程决定了劳动者身心健康和工作场所健康的宽度，而专业人员在职业健康具体实践中对各环节制订的特定手段和方法，决定了劳动者身心健康和工作场所健康的深度。为了提高职业健康管理效能，ILO 及一些工业发达国家相继提出了职业健康监测（occupational health surveillance），或称工作场所健康监测（workplace health surveillance）的理念。ILO 将职业健康监测定义为以初级预防为目的，连续地、系统地收集、分析、解释和发布职业健康相关数据。职业健康监测与职业健康管理可以理解为“数据基石”与“行动中枢”的共生关系，二者通过动态闭环共同筑牢劳动者健康防线。职业健康监测是职业健康管理的基础，也是反映管理效能的重要指标，而职业健康管理是主导职业健康的指挥棒，即职业健康监测的归宿。

（一）职业健康监测的意义

职业健康监测是规划、实施、评价职业卫生项目和控制、发现工作相关疾病和工伤的基础，也是保护和促进劳动者健康的基础。其目标聚焦于加强工作场所职业危害控制，确保工程防护、管理控制或者个体防护措施有效，最终消除或者减少职业病危害因素，达到保护劳动者健康安全、帮助劳动者提升对工作的适应能力；预测职业健康损害、职业病危害等相关事件的暴露评估以及暴露的疾病负担；识别高风险人群，确定新的或正在出现的职业健康问题。职业健康监测模式进一步提升了职业健康管理的工作实践能力和效能，同时为卫生健康行政部门制定职业病防治相关政策提供科学依据。

（二）职业健康监测的基本内容

职业健康监测包括劳动者健康监护（worker’s health surveillance）和工作环境监测（surveillance of the working environment），核心方法是通过持续和系统地收集劳动者健康监护档案和职业危害监测档案中的资料，如与劳动者健康相关的各种资料、劳动者接触职业危害生物监测数据、工作场所职业病危害因素识别情况、检测数据、控制评价等，并将各种干预措施的效果整合到同一监测系统中（数据平台），应用这些数据对劳动者接触职业病危害因素情况与健康状况相互之间的关系进行分析、评估，并在不同层面进行解释和发布各种数据的结果。

ILO 对劳动者健康监护的解释：为了发现和确认任何健康的异常而评价劳动者健康的程序和调查研究的总的术语。具体方法是通过对劳动者开展定期或不定期的医学监测、生物监测，建立劳动者健康档案，还包括收集与劳动者健康有关的一切资料，旨在发现和确认劳动者的任何健康异常，如职业病、早期职业健康损害、工伤及其他健康损害等的发生情况，评估健康异常与所接触的职业危害相关性，及时采取保护劳动者健康的干预措施。2002 年我国颁布实施的《职业病防治法》，充分考虑到我国国情和经济发展水平、用工制度等实际情况，将劳动者健康监护称为“职业健康监护”。

工作环境监测主要是对职业活动中可能造成劳动者健康危害的因素进行的定期检测、评价，包括对一般卫生状况、职业卫生状况、工作组织过程中可能对劳动者健康构成危害的因素、个体防护、危害因素接触以及为消除和减少有害物质采用的控制系统的评价，旨在评价工作场所的职业卫生状况、劳动者职业危害接触程度及可能的健康影响。因此需建立有多学科专业人员参与的监测方法，在科学、可靠、实用的档案数据库中及时反馈结果数据。

高质量的职业健康监测工作有赖于建立职业健康监测系统（occupational health surveillance system），该系统是一个与职业卫生项目有关的资料收集、分析、发布的系统，其功能应涵盖发现和评价由于工作条件而引起的任何健康损害问题以及监测劳动者总的健康状况。职业健康监测系统可以在劳动者个体、群体、用人单位、社区、地区和国家的不同层面上建立，并通过这些职业健康监测系统发现职业病或者工作相关疾病、工伤、死亡等情况，监测评估特定职业危害在不同地区、不同行业及不同时间的变化趋势。

四、职业健康监护理论与实施要求

1998 年 ILO 在《工人健康监护技术和伦理道德指南》文件中正式对各个国家给出了开展工人健

康监护（本书以下均称为职业健康监护）的目的、原则及具体要求，形成一套完整的职业健康监护理论体系。

（一）职业健康监护的目标与原则

职业健康监护是以初级预防为目的，聚焦于以下多个工作目标来实现：

（1）跟踪观察特定工作岗位或特定的工作环境中工伤和职业病的发生情况和趋势（死亡和发病的频率、严重性及趋势），评估和阐述这个特定职业危害接触人群以及该特定行业群体的整体健康状况，预测工伤和职业病在该类人群中的发生及其分布规律，以确定预防的重点；

（2）通过职业流行病学调查研究，分析工伤、职业病、早期职业健康损害等与工作场所职业病危害因素或其他相关的危险因素的相关性，评价并解释工伤和职业病发生的原因；

（3）采取目标干预研究，包括改善工作环境条件、改革生产工艺、采用有效的防护设施和个人防护用品、对职业病患者及早期健康损害人员的处理与安置等；

（4）评价之前实施的控制措施的效果。作为职业健康监测方案的一部分，职业健康监护的评估还必须与包括工作环境监测在内的其他工具一起使用，宗旨是消除或减少职业病危害因素引起的与职业和工作有关的疾病和伤害，用于保护与促进个体和群体的健康和暴露人群的健康。

（二）职业健康监护的基本策略

实现职业健康监护的目的及各个目标的策略是连续、系统地收集劳动者健康资料，通过发现和确认劳动者任何健康异常状态，执行分析、评价劳动者健康的程序并开展职业流行病学调查研究。分析、评价劳动者健康的程序，是指在职业健康监护过程中必须要执行的项目，可包括但不限于医学检查、生物监测、影像学检查、器官功能检查、问卷调查等，所有的项目结果都应记录在职业健康档案中。

1. 职业健康监护的开展方式

职业健康监护必须在有组织（机构或部门）的框架内进行，包括用人单位内部设置的职业健康与安全部门，用人单位也可以委托职业卫生技术服务机构，根据我国国情，用人单位可以委托各级职业病防治机构、疾控中心、职业健康检查机构等。受委托的机构应严格遵循相关职业健康监护原则，以及建立职业卫生技术服务机构和提供职业健康服务的方式和方法。这些服务机构工作范畴非常宽泛，如帮助企业建立职业健康档案，组织劳动者参加职业健康检查，对所有的职业健康监测数据进行分析、汇总，开展培训教育、健康促进活动等。

职业卫生技术服务机构制定的职业健康监护方案必须以正确的伦理学和技术实践为依据，各个环节（过程）必须明确满足4个关键条件：必要性、相关性、科学性和有效性。任何职业健康监护方案必须确保：相关卫生专业人员必须具有独立性和公正性，必须对劳动者的隐私和个人健康信息保密。

2. 建立职业健康监护档案

职业健康监护的重点是监护与工作有关的健康问题，建立职业健康档案是其工作基础。职业健康监护档案包括劳动者职业健康监护档案和用人单位职业健康监护档案，是评估劳动者健康状况和调查研究的主要资料，用以发现和识别任何健康的异常情况。完整准确的健康记录和文档对所有职业健康监护系统都是至关重要的。职业健康监护档案应有专人保管，并保证档案的保密性。

3. 职业健康监护的实施要素

职业健康监护的实施应以满足职业健康为目的，要考虑到工作场所职业危害的性质、工作及岗位对健康的要求、劳动者的健康状况等因素，详细了解劳动者和用人单位对健康监护作用的认识以及对有关法律法规的认识程度。

一个完整的职业健康监护系统，要素包括对个体和群体的健康评价、工伤和职业病登记及报告、预警事件的通告、调查研究和监督等。该系统的主要工作内容：从各种渠道收集资料；分析和评价资料；干预和后续行动。

（三）职业健康监护的实施内容

1. 劳动者健康评估的类别

ILO 在 1985 年《职业健康服务建议书》（第 171 号）文件中指出职业健康监护的重要性，该建议书规定：职业健康监护应包括对保障劳动者健康所需的所有评估。这些评估可包括：①在劳动者被安排从事可能危害其自身健康或他人健康的特定工作前，对其进行健康评估，称之为上岗前评估；②在受雇期间定期或不定期进行健康评估，而该项评估针对的是发现特定健康损害，称之为岗中评估；③对因健康原因长时间缺勤后重新工作的健康评估，以确定其可能的病因，以及确定劳动者是否适合从事该项工作，及是否有需要重新安排工作和康复，这也是上岗前评估的一种类型；④当劳动者在终止雇用时或合同终止后，为了明确其离职时的健康情况，需要进行健康评估，称为离岗时评估；⑤对劳动者工作中接触的职业病危害因素可能发生迟发性职业病的，在其脱离工作后应继续进行医学监护，称为离岗后医学随访。

2. 医学监测的方法与意义

劳动者健康评估是工作场所任何预防措施的主要内容之一，而医学监测是对劳动者健康评估最常用的方法。欧美国家在职业健康监护中的医学监测一般分为健康监测、适应性检查和医学筛检，健康监测主要是对接触或可能接触职业病危害因素的劳动者群体健康信息进行分析和评估。医学筛检的主要目的是为早期发现和治疗与特定职业相关的疾病，而适应性检查是评估劳动者对从事或拟从事岗位的适应能力。我国《职业健康监护技术规范》（以下简称 GBZ 188）中的医学监测则主要是指职业健康检查、离岗后医学随访、应急健康检查，此种分类更贴近当前我国经济发展特点和要求。职业健康检查包括个人史、职业史的询问，问卷调查及医学检查。医学检查主要有体格检查、基础的血液和尿液检查、器官功能测定、影像学检查等。所有检查的内容都应该与劳动者接触的职业危害的性质有关。

需要注意的是，医学检查和各项实验不能作为常规体检来执行，必须考虑它们的意义。医学检查和实验的实施应该遵循以下原则：①选择劳动者可以接受的合适的检查项目；②不能纳入没有实际意义且其特异性和敏感性不能满足要求的检测和实验；③定期对职业健康监护项目整体进行评估，并根据工作场所条件的改善而予以调整。

上岗前的职业健康检查应该根据即将从事的工作岗位或接触的职业病危害因素对劳动者健康条件的要求有针对性地进行，应该注意以下基本的指导原则：①就多数工作而言，通过常规医学检查等进行健康评价就可以满足要求；②不能歧视符合工作要求的残疾人士；③进行健康评价时应注意通过人机工效学、工艺改革，消除职业病危害因素或以更为安全的物质或方法的替代，达到改善工作条件的可能性。

在岗期间定期职业健康检查应结合工作环境暴露监测数据，根据劳动者接触职业危害的性质、接触工龄、年龄及工作场所职业病危害因素检测结果、生物监测结果等确定检查周期，也可以通过生物学检测确定职业病危害因素在体内的负荷（内暴露量），决定定期进行医学检查的频率。可以每隔 1~3 个月进行一次，也可以每年进行一次。当工作场所因意外事故等原因导致劳动者存在意外过量暴露时，应及时开展针对性医学检查，属于应急健康检查类型之一。

当劳动者在终止雇佣时或合同终止前，为了明确其离职时的健康情况，需要开展离岗时的职业健康检查，结合以往定期职业健康检查的资料，评价其从事的工作可能对其健康的影响。

对曾经从事的工作中有害因素可能产生迟发作用的劳动者，在其脱离工作后继续进行医学随访是科学的，其目的是早期发现职业病并进行治疗，如尘肺病、职业性肿瘤、慢性镉中毒、铍病等疾病。

医学监测是以预防和保护为目的，它不仅要保护和促进劳动者的健康，而且包括对工作权利、获得赔偿和社会保障的权利的保护。在任何情况下，医学监测都不能代替预防和控制措施。

3. 开展生物监测

定期或不定期对接触职业危害的劳动者开展工作环境中有害物质暴露水平的生物监测（内暴露检测）是评估职业接触有害物质的内暴露水平的最有效的手段之一，可以尽早发现暴露于特定职业危害对劳动者的健康影响。如血中铅、镉、汞的测定，尿酚、氟、锰等的测定。部分生物监测是有创的，如血液检查，只有在合法、许可的情况下才能进行。并且，生物监测不应该取代工作环境的监测和工作场所个体暴露（外暴露）的评价。

（四）资料收集与报告制度

1. 职业病、事故、工伤发生的报告

对因病假缺勤的监测可以帮助确认疾病或缺勤的原因，判定是否与工作场所中存在的任何可能对健康有害的因素有关。职业病诊断医师有权得到并查看职工中有关患病情况及因健康原因缺勤的全部资料。

我国职业病防治法对职业病报告要求是用人单位、职业病诊断机构必须在规定的时间内向主管部门报告职业事故和职业病。卫生健康行政部门进一步要求各医疗卫生机构及时开展严重、致命的职业安全事故以及群体事件调查，编制和发布职业事故、职业病和危险事件的统计数据。

2015 年 4 月国家将煤尘（煤硅尘）、硅尘、石棉、苯、铅、噪声、布鲁氏菌所致的煤工尘肺、矽肺、石棉肺及石棉所致肺癌和间皮瘤、苯中毒及苯所致白血病、铅中毒、噪声聋及布鲁氏菌病作为重点职业病监测项目。该工作对识别可能发生职业病的高危工种和作业，并提供病因学线索非常有帮助，也是对工伤和职业病登记报告系统所面临的漏报现象的一个弥补方法。除了从用人单位和职业健康服务机构得到的职业健康监护档案外，其他如从国家行政管理数据库、死亡证明、常规收集的发病率资料（工伤和职业病报告书，病例报告等）、医院的出院记录、疾病登记等也能为该工作提供信息。

2. 收集、应用劳动者健康相关数据的注意事项

衡量职业健康监护的有效性，应该建立一系列围绕关于目的、目标、实施策略的质量控制措施，以及在劳动者健康监护资料的收集、发布和应用时保护劳动者利益、隐私的措施。

对劳动者个人医学资料的收集应该遵循医学资料的保密性和职业卫生与安全的基本原则，应特别注意资料和记录的更新和准确性。

当监护的结果用于评估劳动者是否适应特定工作或工作类型的情况时，应遵循以下原则：①从职业健康的角度来看，“适应”的定义只能是就某一特定的工种或某一类型的工作而言；同样，没有绝对“不适合”雇用的情况；②“适应”反映了具体工作的需求与劳动者的工作能力之间的关系；由于工作需求和劳动者的健康状况都可能发生变化，任何适合就业的评估都是具有时间概念的；③应谨慎评定患病或身体残疾的人是否适应就业；④适应性的评估应该根据劳动者身体机能、工效学、功能康复等相互之间的关系进行判断。

有关劳动者个人医学信息在发布或交流时必须根据有关医学保密性的条款进行，在信息交流之前必须通知劳动者本人并征得本人同意。劳动者群体的健康信息必须以适当的方式向用人单位和工

会代表提供，接受信息的一方要采取行动，比如改善作业环境、采取保护措施等。

（孙道远 郭孔荣）

第二节 职业健康检查的基本理论

一、职业健康检查的定义

职业健康检查（occupational medical examination）是职业健康监护的重要内容和主要的资料来源，其工作性质为预防性的、筛检性的医学行为。其目的是对劳动者所接触的职业病危害因素可能产生的健康影响和健康损害进行临床医学检查，了解受检者的健康状况，早期发现职业病，评估劳动者对拟从事或已从事的岗位的适应性，早期发现职业健康损害以及可能的其他疾病等。其意义在于可通过定期的、完整的、连续的职业健康检查结果了解劳动者在接触职业危害后个体健康状况的动态变化；在某些情况下，职业健康检查结果尚可提供识别新的危害因素与危险人群的线索。根据每个国家经济发展水平、社会服务能力，有的国家将职业健康检查目标定位在发现职业病或职业禁忌证上，也有的国家除了要求早期发现职业病或职业禁忌证外，还要早期发现职业相关损害等。

二、职业健康检查与职业健康监护的关系

职业健康检查与职业健康监护的目的不尽相同。

职业健康监护是以初级预防为目的，对劳动者健康状况进行的连续性、系统性监测，包括问卷调查、健康检查、生物监测、辅助检查及健康档案的评估，旨在发现和确认劳动者的任何健康异常，并结合职业危害监测结果，评估健康异常与所接触的职业危害的相关性，及时采取保护劳动者健康的干预措施。

职业健康检查只是职业健康监护的重要内容，也是主要工作方法。GBZ 188 明确，职业健康检查是通过对劳动者所接触职业病危害因素的相应靶器官和健康损害进行医学检查，其目的是发现目标疾病，即疑似职业病或职业禁忌证，并应采取相应处理措施。

职业健康监护是国家法律法规要求用人单位应尽的责任和义务，因此，职业健康检查在多数情况下是强制性的。

三、职业健康检查的类型及要求

《职业病防治法》规定，职业健康检查包括上岗前、在岗期间和离岗时职业健康检查。GBZ 188 中，对于某些具有慢性健康影响的职业病危害因素，劳动者脱离接触后仍有可能发生职业病，建议选择进行离岗后医学随访；对于事故或应急状态下的劳动者应做应急健康检查，这两种健康检查也是评价劳动者健康的重要依据之一。

（一）上岗前职业健康检查

从具体的体检种类来看，不同种类的职业健康检查有不同的作用。上岗前职业健康检查的主要目的是发现有无职业禁忌证，建立接触职业病危害因素人员的基础健康档案，应在开始从事有害作业前完成，避免某些化学物质引起劳动者致敏或亚急性中毒的可能情况。

上岗前职业健康检查均为强制性的，检查对象为：①拟从事接触职业危害作业的新录用人员、转岗到该岗位的人员或因各种原因较长时期脱离工作后又重新返回该岗位的人员；②拟从事有特殊健康要求作业的人员，如高处作业、电工作业、职业机动车驾驶作业等。开展上岗前职业健康检查时应注意，用人单位不得随意提高就业的健康标准而导致就业机会的不公平，同时也要求职业健康检查机构的主检医师对职业禁忌证的判定需要慎重，不能仅凭某项检查异常就出具职业禁忌证结论。

职业健康检查机构有义务对上岗前职业健康检查的劳动者进行职业健康和职业病危害预防知识的教育宣传。上岗前职业健康检查应该在用人单位基本确定录用后对劳动者是否适应即将从事的岗位而进行医学检查，不应该把上岗前职业健康检查作为录用劳动者的先决条件，普通就业前体检不可替代上岗前职业健康检查。

（二）在岗期间职业健康检查

长期从事接触可导致慢性健康损害、慢性职业病或职业性肿瘤等职业病危害因素作业的劳动者，应进行在岗期间的定期职业健康检查，目的是早期发现职业病相关健康损害或劳动者的其他健康异常；及时发现有职业禁忌证的劳动者；通过动态观察劳动者群体健康变化，评价工作场所职业病危害因素的控制效果。在岗期间职业健康检查的周期应根据不同职业病危害因素的性质、工作场所有害因素的浓度或强度、目标疾病的潜伏期和防护措施等因素决定。在岗期间职业健康检查分为强制性和推荐性两种。强制性健康检查是法律规定的用人单位必须履行的法律责任和义务。对于推荐性的健康检查项目，用人单位应该认真听取职业健康检查机构和医疗卫生专业人员的意见，结合本用人单位实际情况，决定是否开展。

（三）离岗时职业健康检查

劳动者在准备调离或脱离所从事的接触职业病危害因素的作业或岗位前，应进行离岗时职业健康检查，主要目的是确定其在停止暴露时的健康状况，结合既往定期健康检查的资料，评价其从事的工作可能对健康的影响。

（四）其他职业健康检查

1. 离岗后医学随访

劳动者接触的职业病危害因素具有慢性作用，所致职业病或职业肿瘤有较长潜伏期（潜隐期），脱离接触后仍有可能发生职业病，又称“迟发性职业病”，因此需进行离岗后医学随访。医学随访周期主要考虑个体累积暴露量、该职业病的流行病学特点，如疾病的潜伏期（潜隐期）、发展、转归等因素综合确定。

2. 应急健康检查

当发生急性职业病危害事故时，根据事故处理的要求，对遭受或者可能遭受急性职业病危害的劳动者，应及时组织应急健康检查。依据检查结果和现场劳动卫生学调查，确定危害因素，为急救和治疗提供依据，控制职业病危害的继续蔓延和发展。应急健康检查应在事故发生后立即开始。从事可能产生职业性传染病作业的劳动者，在疫情流行期或对近期密切接触传染源者，应及时开展应急健康检查，随时监测疫情动态。

四、职业健康检查的责任与义务

职业健康检查涉及开展职业健康检查的医疗卫生机构、用人单位、劳动者和职业卫生监督管理部门，其顺利实施依赖于参与各方的分工合作、明确职责、密切配合。总的来说，用人单位应了解职业健康检查的基本要求，定期组织劳动者参加职业健康检查，并以检查结果作为职业健康管理的依据。劳动者享有职业健康检查的权利，也应配合用人单位的安排，完成法规标准所要求的检查项目；职业健康检查机构应遵守 GBZ 188 要求，规范对劳动者实施职业健康检查行为，努力提高检查质量和结果的准确性。职业卫生监督管理部门定期对用人单位和职业健康检查机构进行监督检查，促进体检率和体检质量的提高，使劳动者得到应有的保护。现就各方在职业健康检查中的主要责任和义务分述如下。

（一）用人单位的责任和义务

（1）对从事接触职业病危害因素作业的劳动者进行职业健康检查是用人单位的法定职责。《职业病防治法》（2018 年修正）第三十五条规定：对从事接触职业病危害的作业的劳动者，用人单位应当按照国务院卫生健康行政部门的规定组织上岗前、在岗期间和离岗时的职业健康检查，并将检查结果书面告知劳动者。职业健康检查费用由用人单位承担，劳动者接受职业健康检查应当视同正常出勤。因此，用人单位是开展职业健康检查工作的责任主体，其主要负责人对本单位的职业健康检查工作全面负责。

（2）在职业健康检查中，用人单位应当如实提供职业健康检查所需的相关资料，包括用人单位的基本情况、工作场所、岗位的职业病危害因素种类及其接触人员名册、岗位（或工种）、接触时间和工作场所职业病危害因素定期检测等相关资料。

（3）用人单位应建立定期进行职业健康检查的制度，结合生产活动中存在的职业病危害因素，制订本单位年度职业人群职业健康检查计划，保证劳动者能够得到与其所从事的职业病危害因素作业相适应的职业健康检查。

（4）用人单位不得安排未经上岗前职业健康检查的劳动者从事接触职业病危害的作业，也不得安排有职业禁忌证的劳动者从事其所禁忌的作业。上岗前职业健康检查应该在劳动者从事职业病危害因素作业之前完成，体检结果既要评价劳动者是否适应即将从事的存在职业病危害因素的作业，为劳动者建立基础健康档案，同时也必须保证每个人就业机会的公平性和公正性，因此上岗前职业健康检查时用人单位不能随意加项，不得随意提高就业健康标准。

（5）对接触职业病危害因素并需要进行在岗期间定期健康检查的劳动者，用人单位应合理安排生产进度，保证劳动者能参加定期的职业健康检查。在安排体检时还需要注意部分体检项目的特殊要求，提前安排测试时间。如对噪声岗位的劳动者，应该脱离噪声作业一段时间再做纯音听阈测试，以避免暂时性听阈位移的影响，而不是安排在岗的劳动者直接进行测试。

（6）对于即将脱离有害作业岗位的劳动者，用人单位应该在离岗前安排离岗时职业健康检查，以确定劳动者在离岗时的健康状况。对未进行离岗时职业健康检查的劳动者，用人单位不得解除或者终止与其订立的劳动合同。

（7）有些职业病危害因素的健康损害有较长的潜伏期，如致尘肺病的矿物性粉尘、致癌物、铍及其化合物等，劳动者在离开作业岗位后仍有可能发生职业病，有条件的用人单位也可以安排离岗后医学随访。

（8）发生急性职业病危害事故时，应及时组织可能遭受急性职业病危害的劳动者进行应急健康检查，分析发生事故的原因和可能引起急性中毒的危害因素，以便对急性中毒患者进行积极的救治和医学观察，所需费用由用人单位承担。

（9）用人单位应当将劳动者个人职业健康检查结果及职业健康检查机构的建议等情况书面告知劳动者。对在职业健康检查中发现的疑似职业病、职业禁忌证和需要复查的人员，用人单位应当及时通知劳动者本人。对疑似职业病患者，用人单位收到《疑似职业病告知书》后应在 30 日内安排劳动者到职业病诊断机构提请职业病诊断，疑似职业病患者诊断或者医学观察期间，用人单位不得解除或者终止与其的劳动合同，所需费用由用人单位承担；对有职业禁忌证的劳动者，用人单位应及时将其调离原工作岗位，并妥善安置；对需要复查和医学观察的劳动者，应当按照职业健康检查机构要求的时间安排其复查和医学观察。

（10）用人单位应当为劳动者建立职业健康监护档案，并按照规定的期限妥善保存。职业健康监护档案应当包括劳动者的职业史、职业病危害接触史、职业健康检查结果和职业病诊疗等有关个人健康资料。用人单位要确保劳动者健康资料的机密和尊重个人的隐私权。劳动者离开用人单位时，有权索取本人职业健康监护档案复印件，用人单位应当如实、无偿提供，并在所提供的复印件上签章。

（11）用人单位不得安排未成年工从事接触职业病危害的作业；对在孕期和哺乳期的女职工应给予特殊的保护，不得安排其从事可能对本人和胎儿、婴儿有健康危害的作业。

（12）用人单位应当接受职业卫生监督管理部门依法对职业健康检查工作进行监督检查，如实汇报工作情况并提供所需要的相关材料。

（13）用人单位可以在国家强制性标准的基础上，制定更高的职业健康检查和劳动保护实施细则，为劳动者提供更好的健康服务，以促进用人单位人力资源的可持续发展。

（二）劳动者的责任和义务

（1）劳动者有权了解所从事工作中的职业病危害因素、对健康的可能影响以及如何做好预防措施。因此，劳动者、工会或劳动者代表有权参与用人单位职业健康检查年度计划的制订和监督计划的实施，为预防职业病、促进劳动者健康发挥应有的作用。

（2）劳动者应学习和了解相关的职业卫生知识和职业病防治法律、法规；应掌握作业操作规程，正确使用、维护职业病防护设备和个人使用的防护用品，发现职业病危害事故隐患应及时报告。

（3）从事接触职业病危害因素作业的劳动者有获得职业健康检查的权利，并有权知道各项检查的意义和结果。劳动者在职业健康检查过程中应配合项目的要求，完成检查；对于不是国家标准要求的强制性的检查项目，劳动者是否参加应本着自愿的原则。

（4）劳动者如怀疑自己的健康损害可能和所从事的工作有关时，可以随时向用人单位或职业健康检查机构、职业病诊断机构提出进行职业健康检查或进行职业病诊断的要求。用人单位或职业健康检查机构、职业病诊断机构应对劳动者作出解释或安排其进行必要的职业健康检查或开展职业病诊断工作。

（5）劳动者有权对用人单位或职业健康检查机构违反法律、法规、标准的行为进行投诉。

（三）职业健康检查机构的责任和义务

（1）医疗卫生机构开展职业健康检查工作，应根据《职业健康检查管理办法》（2019 年修正）的有关规定，在开展之日起 15 个工作日内向省级卫生健康行政部门备案，并在备案的范围内从事职业健康检查工作。

（2）职业健康检查机构应该在机构备案信息、场所安排、人员配备、管理制度、设备配置以及工作能力方面符合《职业健康检查管理办法》（2019 年修正）的要求。职业健康检查是医学临床行为，从事职业健康检查只能由相应的执业医师、护士等医疗卫生技术人员进行。

（3）职业健康检查工作应实行主检医师技术负责制。《职业健康检查管理办法》（2019 年修正）规定，主检医师应具有职业病诊断资格，具备相应的职业卫生与职业病知识，能够把劳动者的健康状况与其所从事的作业联系起来进行科学的分析，作出正确的检查结论。

（4）职业健康检查机构应当依据国家相关标准，结合用人单位提交的资料，明确用人单位应当检查的项目和周期。并在职业健康检查结束之日起 30 个工作日内将职业健康检查结果，包括劳动者个人职业健康检查报告和用人单位职业健康检查总结报告，书面告知用人单位。

（5）职业健康检查机构应维护和保证其工作的独立性和公正性，客观真实地报告职业健康检查结果，并对其做出合理评价。职业健康检查机构应对其出具的报告承担责任。需要强调的是，职业健康检查的结果为评价劳动者对某一特定工种或作业是否适应提供了医学证据。在应用这些资料时，应该强调一级预防，即应首先通过工程设计、职业安全卫生管理和控制措施，加强个体防护，消除或减少职业病危害因素，改善作业环境和劳动条件，在此前提下才能评价劳动者对岗位的适应性。

（6）职业健康检查机构应履行疑似职业病的告知和报告义务。发现疑似职业病患者时，应当告知劳动者本人并及时通知用人单位，同时向所在地卫生健康行政部门报告。发现职业禁忌证的，应当及时告知用人单位和劳动者。

（7）职业健康检查机构应按要求报告职业健康检查信息，定期向卫生健康行政部门报告职业健康检查工作情况，包括外出职业健康检查工作情况。

（8）职业健康检查机构应当建立职业健康检查档案，包括职业健康检查委托协议书、用人单位提供的相关资料、出具的职业健康检查结果总结报告和告知材料以及其他有关材料。应制定档案管理办法，有专人负责，档案保存时间应当自劳动者最后一次职业健康检查结束之日起不少于15年。

（9）职业健康检查机构应建立职业健康检查质量管理体系，健全各项规章制度，对职业健康检查工作进行全过程质量管理并保持质量管理体系持续有效运行。职业健康检查机构应当接受辖区内职业健康检查质量控制机构的业务指导，参加质控机构组织开展的实验室间比对和职业健康检查质量考核，并在规定时间内独立完成实验室间比对和职业健康检查质量考核内容及相关整改工作。

（10）从事职业健康检查的医疗卫生专业人员应遵守劳动者职业健康监护的伦理道德规范，保护劳动者的健康隐私，防止职业健康检查结果被用于其他目的。

（11）为方便劳动者，所有职业健康检查机构应开通个体体检结果的网络查询，或将职业健康检查个体电子报告直接推送给受检者本人，并推送相关职业病防治知识。

（12）当劳动者对检查项目的目的和结果有疑问时，从事职业健康检查的专业技术人员应该耐心解释，如实向劳动者解释检查结果和提出建议，解释时应考虑劳动者的文化程度和理解能力。

（四）职业卫生监督管理部门的责任和义务

（1）地方各级卫生健康行政部门依据《职业病防治法》及相关法律、法规，按行政区域对职业健康检查工作进行监督管理。

（2）职业卫生监督管理部门依法对用人单位执行职业健康检查制度的情况进行监督检查，检查内容包括：职业健康检查制度的建立、公布、实施情况以及经费保障，如实提供职业健康检查所需资料情况，对接触职业病危害的劳动者职业健康检查的执行情况，对职业健康检查结果及建议履行告知义务的情况，针对职业健康检查报告采取措施情况、健康监护档案的建立及管理情况，为劳动者如实、无偿提供本人健康监护档案复印件情况等。

（3）地方卫生健康行政部门应当设立负责职业健康检查机构质量控制管理工作的机构，依法对职业健康检查机构的职业健康检查工作进行监督检查，检查内容包括：按照备案的类别和项目开展职业健康检查工作的情况，外出职业健康检查工作情况，职业健康检查质量控制情况，职业健康检查结果、疑似职业病的报告与告知以及职业健康检查信息报告情况，职业健康检查档案管理情况等。

（余　晨　陈善豪）

第三节　我国职业健康检查相关工作的发展与现状

一、我国职业健康监护和职业健康检查工作的发展与现状

职业病防治工作关乎近8亿名劳动者的健康与生命，涉及社会稳定和经济发展。党和政府历来高度重视职业病防治工作，自中华人民共和国成立初期开始，历任党和国家领导人都对职业病防治工作提出要求，始终强调在发展经济的同时，确保劳动者的健康安全尤为重要。建立劳动者职业健康监护档案是《职业病防治法》规定的基本制度之一，是法律赋予的保障劳动者健康的重要法定工作之一。职业健康监护在国际、国内被公认是职业病防治工作中的前期预防工作。

（一）初始阶段

中华人民共和国成立之初，1956年国务院在《关于防止厂、矿企业矽尘危害的决定》中提出厂矿企业应对接触矽尘的劳动者进行定期健康检查。1957年由原卫生部组织开展了部分省、市的尘肺病普查。1963年，原卫生部等部门联合颁布了《矽尘作业工人医疗预防措施实施办法》，对接触粉尘劳动者健康检查的周期、检查项目、从业禁忌证等作出了明确规定。1974—1976年，原卫生部组织开展了全国性的尘肺病普查，对粉尘作业劳动者逐步由健康筛检向职业健康监护过渡。

（二）发展阶段

20世纪80年代以来，我国的劳动者健康检查制度进入了快速发展阶段。1987年，国务院颁布《中华人民共和国尘肺病防治条例》，规定各企业、事业单位对新从事粉尘作业的劳动者，必须进行健康检查，并要求对在职和离职的从事粉尘作业的劳动者，必须定期进行健康检查，对发现的职业病要贯彻职业病报告制度。1991年，原卫生部发布了《卫生防疫工作规范（劳动卫生分册）》，进一步规范了职业健康检查工作。20世纪80年代后期，在国家对职业健康提出总体要求的基础上，部分行业陆续根据行业自身的职业病危害特点制定了行业内的职业健康监护相关制度，例如，化工部1988年颁发的《化工健康监护技术规定（试行）》，1991年2月颁发的《中小型化工企业健康监护技术要求》，1992年11月颁发的《化工健康监护技术规定》等，对化工企业职业健康监护工作进行了很好的探索与实践，为我国劳动者职业健康监护法规制定打下基础。

（三）完善阶段

2002年5月1日起实施的《职业病防治法》中确立了劳动者职业健康监护的法律制度。为配合《职业病防治法》的实施，原卫生部于2002年发布了《职业健康监护管理办法》（卫发部令第23号），规定了用人单位对接触职业病危害作业的劳动者依法提供职业健康监护的法律责任以及劳动者享有职业健康保护的权益；规定了职业健康检查机构的基本条件、职业健康检查项目和周期以及职业卫生监督管理责任。原卫生部2004年启动劳动者职业健康监护技术规范标准的制订工作，并于2007年正式发布《职业健康监护技术规范》（GBZ 188—2007），将管理办法23号令中的职业健康检查项目及周期纳入国家职业卫生标准的管理，是劳动者职业健康监护制度的重要技术支撑性文件。

2011年12月31日，第十一届全国人大常委会第二十四次会议对《职业病防治法》进行第一次修正，由原国家安全生产监督管理部门和卫生行政部门分别负责用人单位职业健康监护管理与职业健康检查的管理。据此，原国家安全生产监管总局和原国家卫生计生委根据各自职责，分别制定并颁布了《用人单位职业健康监护监督管理办法》（国家安全生产监督管理总局令第49号）和

《职业健康检查管理办法》（国家卫生和计划生育委员会令第 5 号）。为适应社会发展，规范职业健康监护的监督管理，2014 年《职业健康监护技术规范》（GBZ 188—2014）修订发布，此版本的标准是在 2007 年版本的基础上，增加了多项方便劳动者和用人单位职业健康检查的规定，按章节框架增加职业健康检查的定义，使该技术规范与相关的法律法规相衔接，具有较高的操作性。为适应行政审批制度改革，2017 年 11 月 4 日，第十二届全国人大常委会第三十次会议对《职业病防治法》再次进行修订，取消了卫生健康行政部门对职业健康检查机构的审批制度。国家卫生健康委组织对《职业健康检查管理办法》（国家卫生和计划生育委员会令第 5 号）进行修订，并于 2019 年 2 月 28 日颁布实施新修订的《职业健康检查管理办法》（国家卫生健康委员会令第 2 号），该版本明确了职业健康检查机构由行政审批转为备案管理，同时明确职业健康检查机构的职责和能力要求，增加了职业健康检查的质量控制管理，强调了各级卫生健康行政部门的事中、事后管理职责，进一步方便用人单位对劳动者进行职业健康检查，影响面广、受关注度高。现行的《职业健康检查管理办法》使得更多的医疗卫生机构能够进入职业健康检查服务市场，扩大用人单位和劳动者对职业健康检查机构的择优、就近选取，有助于优化职业健康检查服务，通过市场竞争提升服务水平。全国各省级行政区也陆续出台本地区的职业健康检查机构备案管理办法，规范职业健康检查机构开展职业健康检查工作。

为保障放开职业健康检查服务市场后职业健康检查机构的服务质量，2020 年，《国家卫生健康委发布关于加强职业病防治技术支撑体系建设的指导意见》（国卫职健发〔2020〕5 号）出台，明确要加快推进职业健康治理体系和治理能力现代化，要提升职业健康检查和职业病诊断、救治的技术支撑能力。为进一步规范职业健康检查工作，提高工作质量与成效，2023 年 6 月国家卫生健康委办公厅、国家疾控局综合司联合发布《关于进一步规范职业健康检查和职业病诊断工作管理的通知》（国卫办职健函〔2023〕241 号），强调了要规范备案后核查、加强全链条监管、规范业务培训提升服务能力、加强质量控制和监督检查。2024 年 4 月，国家卫生健康委办公厅、国家疾控局综合司联合发布《职业病防治机构提质合规行动（2024—2025 年）工作方案》，目的在于进一步规范职业病防治机构开展职业病诊断救治、职业健康检查等工作，提高技术支撑能力和服务质量，加大监管力度，严肃查处违法违规行为，建立完善专项行动与日常监管相结合的长效机制和措施，切实维护劳动者职业健康权益。对职业健康检查机构强调进一步强化备案后核查管理、专业技术培训与指导、质量控制与问题整改、信息报告等重要环节规范管理。加强质控工作与监督执法双向联动，建立质控台账，定期联合开展“回头看”，实行动态实时销号，确保问题整改到位。对于质控不合格且未按要求整改、多次整改不到位或者拒不整改的机构，各地要依法严肃处理并及时向社会公布不具备《职业健康检查管理办法》所规定条件的机构名单，或不具备能力的服务项目。2025 年 8 月 20 日发布、2026 年 8 月 1 日开始实施的《职业健康监护技术规范》（GBZ 188—2025），是基于近 10 年我国在开展劳动者职业健康检查工作中出现的一些实际问题，经过广泛征求意见进行了修订，给出了更符合实际操作的要求，进一步贯彻以劳动者健康为中心的思想，真正将发现劳动者早期健康损害作为职业健康监护的目的之一。

二、我国职业健康检查机构的发展与现况

自 2002 年《职业病防治法》正式实施以来，原卫生部和各省级卫生行政部门加强了对职业健康服务机构的管理。自 2008 年以来，各地以深化医药卫生体制改革为契机，积极推进职业病防治机构建设。根据各省级职业病防治机构的统计，截至 2024 年 11 月，全国备案职业健康检查机构 5806 家，与 2022 年底相比，职业健康检查机构数量进一步增长，民营机构占比进一步增大，但各省份分布不均。

三、我国职业健康相关监测的发展

（一）职业病监测

我国的职业病监测可追溯至1956年的职业病报告工作，最初以纸质报告卡的形式报告汇总法定职业病数据。1997年，职业病报告实行职业病和农药中毒病例个案报告，建立了国家、省级的职业病例个案数据库，采用单机版结合电子邮件形式传输报告。2006年，依托“中国疾病预防控制信息系统”的“健康危害因素信息监测系统”，在全国31个省、自治区、直辖市（除港、澳、台地区）和新疆生产建设兵团实现了职业病报告的网络化管理。为适应2011年12月31日修订后的《职业病防治法》及配套规章的要求，2014年4月30日，职业病报告系统经改造后升级为“中国疾病预防控制信息系统”的独立子系统“职业病与职业卫生信息监测系统”。随着人口健康信息化和健康医疗大数据的快速发展，为贯彻落实《“十三五”全国人口健康信息化发展规划》等文件精神，2020年5月11日启用“职业病与健康危害因素监测信息系统”，此系统是职业病监测报告业务和系统的重构，突出以人为本，由侧重疾病监测转变为以健康监测为主，并将监测覆盖职业人群职业生涯的全程。近70年来，职业病报告信息的采集和上报历经纸质版、单机版到网络化的发展，信息报告从汇总报告转变为个案报告，已成为我国职业病防治的重要常规工作之一。职业病报告数据已为了解全国职业病发病情况、变化趋势和规律，为职业病防治法律、法规、标准的制修订，为国家职业病防治规划的制定提供了基础数据，也为职业病防治机构、科研院所、职业卫生技术服务机构、工会、协会和用人单位开展职业病防治工作目标的设定、职业病防治效果评价、职业病的监测预警以及科学研究提供客观的数据。

（二）重点职业病职业健康检查结果监测

为对职业病报告数据进行补充和完善，2009年原卫生部在中西部的22个省份设立45个哨点监测开展接触可导致煤工尘肺、矽肺、石棉肺、苯及苯系物中毒、正己烷中毒、铅中毒、镉中毒、锰中毒、汞中毒等9种职业病病种的职业病危害因素劳动者的职业健康检查结果的监测。2010年监测点数扩增至72个，2011年扩增至119个，2014年监测点数达到123个。2015年起国家实施重点职业病监测项目，监测工作覆盖所有县级行政区，监测病种采用“7+3”模式，即各辖区监测原国家卫生计生委规定的煤尘（煤矽尘）、矽尘、石棉、苯、铅、噪声、布鲁氏菌7种职业病危害因素所致的煤工尘肺、矽肺、石棉肺及石棉所致肺癌和间皮瘤、苯中毒及苯所致白血病、铅中毒、噪声聋、布鲁氏菌病10种职业病，并根据当地实际情况自选3种其他职业病，对接触上述危害因素的劳动者的在岗职业健康检查结果进行监测。

（三）职业病及健康危害因素监测

2018年11月，国务院提出“健全职业健康监测网络，扩大职业病种和危害因素监测覆盖范围”的要求，职业健康监测内容从2019年起进一步扩大和延伸，对接触导致28种职业病的职业病危害因素的劳动者的在岗职业健康检查结果进行监测，包括13种职业性尘肺病（矽肺、煤工尘肺、石墨尘肺、炭黑尘肺、石棉肺、滑石尘肺、水泥尘肺、云母尘肺、陶工尘肺、铝尘肺、电焊工尘肺、铸工尘肺、根据《尘肺病诊断标准》和《尘肺病理诊断标准》可以诊断的其他尘肺病），11种职业性肿瘤（石棉所致肺癌、间皮瘤，联苯胺所致膀胱癌，苯所致白血病，氯甲醚、双氯甲醚所致肺癌，砷及其化合物所致肺癌、皮肤癌，氯乙烯所致肝血管肉瘤，焦炉逸散物所致肺癌，六价铬化合物所致肺癌，毛沸石所致肺癌、胸膜间皮瘤，煤焦油、煤焦油沥青、石油沥青所致皮肤癌，β-萘胺所致膀胱癌）以及铅中毒、苯中毒、噪声聋、布鲁氏菌病。监测方式也在进一步丰富，由单纯的被动监测发展为被动监测、主动监测相结合的监测方式，同时增加了哨点监测，并在职业病报告和重点职业病职业健康检查指标监测的基础上增加了职业病危害因素的监测内容，即工作场所职业病危害因素监测，主要对工业企业中的重点行业用人单位内的重点职业病危害因素开展监测。2021年，进一步扩大覆盖至对导致法定职业病的所有职业病危害因素的劳动者的职业健康检查结果的监测。职业健康检查监测范围由之前的在岗职业健康检查扩充至上岗前、在岗期间、离岗时职业健康检查以及应急健康检查。自2022年起，对主动监测的内容也进一步丰富，由对单独接触粉尘的劳动者扩充至对接触粉尘、噪声、苯、铅及其化合物等重点职业病危害因素的劳动者开展主动监测。通过对监测内容、方式的不断完善，职业健康监测体系也在不断完善。

在开展各项监测的同时，各省积极开展职业健康信息化建设。各省根据全民保障信息化工程的要求，逐步开展省级职业病防治平台的建设、完善，与国家平台进行有效的联通和数据对接，截至2024年底，全国已有28个省份与国家职业病及健康危害因素监测信息平台进行了对接和数据交换，极大推动了监测数据的时效性和准确性，提升了监测数据的利用价值。

四、我国职业健康监护面临的挑战

自2002年《职业病防治法》实施以来，我国职业健康监护工作取得长足进步。一是各级政府职业健康主管部门高度重视职业健康监护管理工作，形成了比较完善的职业健康监护管理的法律法规标准体系；二是用人单位履行职业病防治主体责任的意识显著提高，“十四五”规划实施以来，有7600万名劳动者接受了职业健康检查；三是职业健康检查机构得到快速发展，职业健康检查机构基本实现县区覆盖，职业健康检查能力和质量得到明显提升；四是社会对职业健康监护管理工作的重视程度进一步提高，形成了良好的社会监督氛围。但是，与党和政府的要求、劳动者的健康需求相比，我国职业健康监护工作仍存在一定的不足。例如，一些用人单位职业病防治守法意识淡漠，尤其是部分中小微企业劳动者的职业健康检查覆盖率不高；劳务派遣、外包工以及外来务工人员等流动性人口的职业健康监护落实不到位。一些用人单位只安排部分劳动者参加职业健康检查，个别用人单位甚至不安排劳动者进行在岗和离岗职业健康检查；或为逃避职业病防治责任，每年与劳动者签订一次劳动合同，将实际应为在岗职业健康检查的改为上岗前职业健康检查；未按照法律要求建立职业健康监护档案，把职业健康检查结果作为职业健康监护档案；对发现的职业禁忌证、疑似职业病或职业病患者未按相关规定及时调离工作岗位或落实相应的保障和待遇；未按照职业健康检查机构提出的复查要求及时安排复查，未告知和/或安排疑似职业病的劳动者进行职业病诊断。还有个别用人单位，一旦发现有劳动者符合疑似职业病诊断标准的，即以职业禁忌证为由，拒绝与劳动者再次签订劳动合同。此外，部分用人单位和职业健康检查机构对职业健康监护理论和内涵的理解还有不足，将职业健康检查等同于职业健康监护，对哪些劳动者应当接受职业健康检查界定不甚明确，导致管理部门、劳动者缺乏完整的职业健康监护资料。这些问题的存在，在一定程度上影响了新形势下我国职业健康监护工作。

国家卫生健康委、国家疾控局等部门高度重视职业健康监护管理工作，已在积极准备制修订职业健康监护相关的政策、法规、标准。随着相关标准的逐步完善、技术支撑体系的建设、科技创新的推动和监管力度的加强，职业健康监护工作将会得到高质量发展。

（胡伟江　王　丹）

第四节　国外职业健康监测的策略和方法

职业健康监测在国外经历了一个从发生、摸索到发展的过程，目前在西方工业发达国家该体系也趋于完善。ILO 和 WHO 职业健康联合委员会 1995 年第 12 届会议重新定义了职业健康的概念，简而言之，就是使工作适应工人，使工人适应他们从事的工作。ILO 在 1998 年发布的《工人健康监护技术与伦理道德规范》中进一步明确了职业健康监测的定义，以及与工人健康监护（我国称为职业健康监护）的关系。大多数国家在此文件基础上逐步制定符合自身产业经济特点的职业健康监测体系，努力实现职业危害源头控制目标。以下分别介绍美国、德国、日本的职业健康监测概况，主要涉及职业健康监测的管理与实践。不同国家对于职业健康监测在名称上并不完全一致，但工作内容都以 ILO 的要求为基础，可能在实践中要求更高。

一、美国的职业健康监测

（一）职业健康监测的管理和服务机构

美国在 1970 年颁布了《职业安全和卫生法》，其最大特点是无论在职业危害预防控制、医学监测或是在档案、信息管理方面，法律中都制定了详细而严格的标准。美国国会根据《职业安全和卫生法》授权成立三个机构：劳工部下属的职业安全与健康管理局（Occupational Safety and Health Administration，OSHA）、国家职业安全与卫生研究所（National Institute of Occupational Safety and Health，NIOSH）、职业安全卫生审查委员会（Occupational Safety and Health Review Commission，OSHRC）。OSHA 主要负责起草和颁布安全卫生法规，执法监督、检查，制定工作场所标准等。OSHA 颁布了 100 多项职业卫生和环境控制相关技术标准，涵盖约 435 种毒物。这些标准中包含对职业性危害因素的识别、检测、控制和如何开展职业健康监测的指导意见。

技术方面，主要由 NIOSH 负责支持，NIOSH 隶属美国卫生与人类服务部的疾病控制中心。NIOSH 以保障劳动者职业安全和健康为目标，从事降低与职业有关的疾病和伤害的研究，如提供标准制修订建议，开展个人防护装备方面的研究，呼吸器测试和认证等工作，并通过国际合作，为美国乃至全球大众提供预防职业病、工伤、致残及致死等方面的指导。

OSHRC 是独立于劳工部的政府行政机构，负责裁决政府、雇主、工人代表间有关职业卫生与健康方面的不同意见，对 OSHA 的工作进行检查，并负责对不满 OSHA 执法行动的上诉进行审核。

（二）职业健康检查种类和周期

医学监测中的职业健康检查分为强制性健康检查和自愿性健康检查两种。强制性健康检查：所有符合 OSHA 职业卫生标准所规定的接触职业病危害因素的雇员，都要完成定期健康检查和中期健康评估。自愿性健康检查：指定期或偶尔进入可能存在化学、生物及物理危害的工作场所的工人，在离岗后每 3 年进行 1 次自愿性健康检查。

1. 岗前健康检查

对于所有雇员，要求在上岗前进行病史采集和健康检查。对于在不同职业危害岗位间转岗的雇员，在转岗前也要进行健康检查，目的是评估员工是否能够履行即将从事的工作岗位的基本职能。

2. 定期健康检查

对于所有 OSHA 标准规定的接触职业危害的雇员都要进行强制性医学记录和身体检查。一般规定≤50 岁的每 3 年进行 1 次健康检查，51~65 岁的每 2 年进行 1 次健康检查，>65 岁的每年进行 1 次健康检查，目的是监测接触职业危害的雇员是否有职业健康损害。

许多 OSHA 标准还要求进行定期的医学评估，对接触的大多数职业危害规定每年进行一次医学评估。这些标准适用于职业危害接触达到或超过行动水平或允许接触限值的雇员。

3. 中期医学评估

中期医学评估为强制性医学评估。在不进行定期健康检查的年份，应对所有的雇员进行中期医学评估。其内容主要是完成 OSHA 呼吸器医学评估问卷，目的是确定雇员对所佩戴的呼吸器是否能适应，并评估其健康状况是否允许在特定工作环境中使用呼吸器。

4. 自愿性健康检查

自愿性健康检查提供给那些曾在工作场所中接触职业病危害因素的雇员。自愿性健康检查每 3 年进行 1 次，作用是对有长期潜伏期的健康危害提供持续性的医学监测。

5. 自助式呼吸器体检

自助式呼吸器体检是除定期和中期评估以外的强制性医学评估，目的是确定雇员安全佩戴自助式呼吸器的能力。

（三）健康检查内容

健康检查主要是开展医学检查，要求是针对雇员接触的职业危害有针对性开展，由具有职业医学经验的内科或外科医生、护士进行。

健康检查包括四方面内容：①病史评估，包括个人的病史、家族史以及职业史；②体格检查，包括视力、眼耳鼻喉检查，呼吸、心血管和中枢及外周神经系统检查，脊柱和肌肉骨骼系统检查，皮肤检查等，腹部检查，直肠、泌尿生殖系统可自愿检查；③实验室及辅助检查，包括心电图、肺功能、胸部 X 射线摄片、血尿常规和血液生化检查、纯音听力测试等；④生物检测。

（四）医疗记录的保管

所有评估的记录，无论是强制性的，还是自愿性的，均由 OSHA 职业医学办公室保管，并受人事管理办公室、OSHA 和其他联邦规定的保护。

二、德国的职业健康监测

（一）“双元制”劳动保障体系

德国依照欧盟的相关规定建立了“双元制”劳动保护体系，即通过国家法律和工伤保险的自主法律对职业安全与健康工作进行约束和调整。前者是国家建立法律后，各州在此基础上建立联邦州的法律，由各劳动保护部门进行国家监督；后者是由工伤保险部门自主立法，建立相应的法律法规、条例，并进行自主监督法规的实施。二者互相配合，通过合作成立联邦职业保护战略联盟。

（二）劳动者健康监护制度

德国的职业卫生管理体制为双轨制，由代表国家利益的政府企业监督局和非政府团体——同业工会共同监督企业的职业安全卫生（包括职业健康监测）工作。德国的劳动者健康监护工作主要由各同业工会的职业健康检查中心承担。同业工会约有 170 个职业健康检查中心，具体工作一般由职业医学方面专家或医师执行。特殊情况下，经卫生部门许可，其他有资质的专业人员可在医生的监督指导且遵循质量控制下执行。

德国的《职业安全法》规定雇主必须根据企业具体情况聘请企业医生和安全专业人员，《联邦德国职业医学法规》规定超过 21 人的企业必须有专职劳动卫生与安全人员，他们直接与同业工会联系，负责该企业的劳动卫生与安全工作。

（三）劳动者健康监护内容

德国的劳动者健康监护工作是基于同业工会制定的《职业健康检查技术指南》来开展的。《职业健康检查技术指南》涵盖的职业病危害因素范围广泛，包括工作时接触的有害物质（如粉尘、烟雾、化学品）、生物因素和物理因素（如高温、低温、噪声、振动、高压）等。各种职业病危害因素对应的职业健康检查项目和检查时间不尽相同，检查者应视从业人员接触职业病危害因素时间长短、接触浓度和强度以及自身特征（如年龄）来确定健康检查的类型、内容和时间。

1. 职业健康检查常规程序

①一般检查（询问既往病史、职业史、基本情况）；②特殊检查（针对接触的职业病危害因素所产生的目标疾病而进行的检查，如粉尘作业者应接受胸部 X 射线摄片、肺功能测定和心血管系统检查等）；③补充性检查（仅在特别指定或检查结果不明确时进行，并且此时职业卫生师应向其他的医学专家咨询以明确诊断）；④进行职业医学评估并根据检查结果提出相关建议。

2. 职业健康检查分类

（1）岗前检查（initial examination），又称“首次检查”，是指接触职业病危害因素前进行的医学检查，旨在了解从业人员是否有职业禁忌证。此项检查结果也是以后从业人员因遭受职业病危害因素损害而获取赔偿的重要证据。

（2）追踪检查（follow-up examination），旨在了解从业人员健康状况是否发生变化，包括定期追踪检查、不定期追踪检查和离岗检查。定期追踪检查按一定的检查周期进行，检查周期视从业人员接触的职业病危害因素性质和个体特征（如年龄）而定，如接触砷及其化合物的从业人员于开始工作后的 6~12 个月进行追踪检查，而接触三氯乙烯和其他氯化烃类溶剂的从业人员于开始工作后的 12~24 个月进行追踪检查。不定期追踪检查则主要适用于：当从业人员患病几周或发生躯体残疾需要确定是否适宜从事原工作时；医生认为有必要进行检查的特殊情况；当从业人员怀疑自己患有职业病时。离岗检查在离岗时进行，离岗检查在于发现从业人员离岗时有无健康损害。

（3）长期的追踪检查（long-term follow-up examination），用于发现潜伏期长的健康损害，如对接触致癌物质（如石棉、苯）的从业人员进行的健康检查。

3. 职业医学评估和建议

医学检查完毕后，检查者应根据工作场所的作业条件和个人暴露情况来评估医学检查结果并向从业人员提出合适的建议。职业医学评估结果分如下几种情况：

（1）未见异常，表示作业条件目前未危害个体健康；

（2）在某些条件下无须关注的健康损害，表示暂时不用关注，一段时间后再关注的健康状态（在此种情况下常需缩短追踪检查的间隔时间）；

（3）需要短期关注的健康损害，指从业人员处于经医学干预后能恢复的健康状态；

（4）需要长期关注的健康损害，指在采取各种措施后，危害因素仍然会对从业人员健康产生严重后果，则应作出此项评估结论。当作出此结论时，从业人员不能再从事当前的工作，应被调离原岗位或失去工作，因此，检查医师作出该项评估结果时应慎重。

三、日本的职业健康检查制度

日本在借鉴美国《职业安全卫生法》的基础上，于1972年制定了《劳动安全卫生法》，之后又相继颁布了与之相关的施行令及各种规则30余项，对于职业健康监测中的工作场所职业危害检测、医学检查和信息管理等方面制定了详细严格的标准。但其与欧美不同的最大之处在于更加注重人性化。在行政监管方面，确立了由厚生劳动省为监管主体的职业卫生检查体系。

日本的劳动者健康检查主要设在日本劳动厚生省所管辖的劳动者健康福祉机构（具有独立的行政法人），所属有34个劳灾病院，附设8个健诊中心和设在每个辖区的职业健康促进中心、地区职业卫生中心。全日本共有347个地区职业卫生中心，主要为辖区内不足50名劳动者的企业提供职业卫生服务。另外，一些大公司通常设有内部的职业健康检查机构。

日本的劳动者健康检查分为一般健康检查、在危险环境作业者的特殊健康检查及主管机关指示的临时健康检查。一般健康检查的目的在于早期发现工作场所中可能影响健康的因素，掌握劳动者与工作场所职业危害间的关系，有助于保健指导、作业管理及作业环境管理等。

（一）一般健康检查

1. 岗前体检

《劳动安全卫生规则》第四十三条规定：雇主在雇用长期用工的劳动者时，必须由医生进行健康检查。但如果雇用的劳动者在入职前3个月内已经进行过健康检查或能提供相关医学检查结果证明的可以免予体检。岗前体检包括以下项目：①既往病史和工作史；②目前自觉症状和客观症状检查；③身高、体重、视力、听力检查（1000Hz和4000Hz）；④胸部X射线摄片；⑤血压测量；⑥血红素含量和红细胞数测定（贫血检查）；⑦肝功能测定［丙氨酸转氨酶（ALT）、天冬氨酸转氨酶（AST）、γ-谷氨酰转移酶（GGT）］；⑧血脂水平测定（血清总胆固醇、高密度脂蛋白、甘油三酯）；⑨血糖测定；⑩尿液分析（尿糖和尿蛋白分析）；⑪心电图。

2. 定期健康检查（在岗体检）

《劳动安全卫生规则》第四十四条规定：雇主对长期雇用的劳动者，必须一年一次由医生进行健康检查（需特殊健康检查者除外）。除了第4项增加痰检项目外，在岗体检项目与岗前体检项目基本一致。

根据厚生劳动省规定：如医生认为无必要，则上述项目中第③、④、⑥、⑨和①项可以豁免；对于45岁以下者，第③项中的检查项目（限于听力部分）可用听力测试来代替（不包括1000Hz和4000Hz）。

3. 离岗体检

健康检查项目与定期健康检查相同，但根据专职职业卫生医师的建议可增减其他体检项目。

4. 派遣到国外的劳动者的健康检查

雇主对于即将派往国外作业6个月或以上的劳动者，在派遣前和回国后须进行健康检查，健康检查项目与定期健康检查相同，但根据专职职业卫生医师的建议可增加其他体检项目。

（二）特殊健康检查

在危险环境作业者的特殊健康检查主要针对特定化学毒物的所有作业人员、劳动者人数超过50人的工作场所、曾经从事过特定有害作业者的健康检查和从事特定有害作业者的牙科健康检查，至少涵盖了110种与职业有害因素相关的职业，在每类特定化学毒物里还附有开放性条款，如接触氟化氢包括对含有氟化氢5%（重量）以上物质的处置作业。

特殊健康检查岗前检查项目与一般性健康检查相同，在岗定期特殊健康检查项目根据有害作业的危害不同，检查项目有所不同，如铅作业，包括职业史、既往史（铅自觉症状和客观症状、血铅和尿δ-氨基乙酰丙酸水平）、目前铅自觉症状和客观症状、血铅和尿δ-氨基乙酰丙酸水平（后两项如医师认为无必要可不检查）。根据上述检查结果，如专职职业卫生医师认为必要，可进行以下检查：作业环境、贫血症、红细胞中原卟啉水平、神经功能检查。

检查周期：四乙基铅为3个月；尘肺病健康检查依据《尘肺法》一般为1~3年；其他种类的特殊健康检查一般为6个月。雇用前3个月内已经检查过的项目，如持有证明则可豁免雇用时的健康检查。

（三）临时健康检查

临时健康检查指各地方劳动局局长基于职业卫生医师的建议，认为有保护劳动者健康必要的，则发出指示要求雇主办理健康检查，相当于我国应急职业健康检查。

依据日本《劳动安全卫生法》，雇主必须将各种健康检查结果予以记录，并须保存5年。雇用50人以上的用人单位，须定期将与有害作业有关的健康检查结果向主管机关报备。在日本，建立了职业健康检查质量控制制度，由中央劳动灾害防止协会下设机构统一负责职业健康检查质量控制，不定期地对健康检查机构和职业卫生医师进行考核。

（郭孔荣　孙道远）

02

第二章　职业健康检查的方法及技术要点

第一节　职业健康检查的工作程序

对职业健康检查医疗机构而言，其本质属于职业卫生技术服务机构，需要保证服务的合规性、效率和质量，因此，机构应制定职业健康检查工作程序来规范服务的整个流程。职业健康检查工作程序是指职业健康检查机构从接受用人单位委托开展职业健康检查开始到整个体检工作完成过程中，医护人员在检前、检中、检后必须执行的各项规定流程。

工作程序是贯彻整个职业健康检查工作的纲目，但其中的具体细节可以根据实际工作中出现的情况做适当调整。例如：职业健康检查的工作形式通常分为两种，即由用人单位组织员工的团体式职业健康检查（包括劳动者集体去职业健康检查机构或者职业健康检查机构去用人单位上门服务），以及职业健康检查机构日常接待零散劳动者职业健康检查。因其工作环境、人员安排、网络信号的利用等因素的不同，在实际工作过程中的工作环节、步骤不尽相同。因此，职业健康检查工作的具体流程可从体检机构内开展和去用人单位开展体检两个方面进行制定，通常是一种动态关系。职业健康检查机构的总的程序制定一般应包括以下步骤。

一、职业健康检查前期准备

（一）接受委托

职业健康检查机构接受用人单位职业健康检查委托，应当与用人单位签订《职业健康检查委托书（合同）》或《职业健康检查体检协议书》，内容包括：合同编号、委托单位名称、单位地址、单位负责人姓名、联系电话、委托检查种类、检查项目、接触职业病危害因素种类、接触人数、职业健康检查的人数、检查时间和地点、出具检查报告的时间、委托方和被委托方的责任和义务、体检费用及支付方式、告知和约定内容等，委托方和被委托方盖章及经办人签字、委托日期等。合同还需包括在职业健康检查中有需要“复查”的劳动者如何开展的要求，以及对未复查的劳动者不给予本次职业健康检查结论的告知。

职业健康检查机构应要求用人单位如实提供以下材料：

（1）用人单位的基本情况；

（2）工作场所总的职业病危害因素种类及其接触人员名册、岗位（或工种）、接触时间，用人单位应提供不同岗位劳动者接触职业病危害因素种类，可参考用人单位“三同时”的检测与评价结果；

（3）工作场所职业病危害因素定期检测等相关资料。

职业健康检查机构应根据用人单位提供的生产工艺、原辅材料、职业病危害因素检测资料等，核对用人单位委托的职业病危害因素与劳动者实际工作中接触的职业病危害因素的一致性。当用人单位对工作场所存在的职业病危害因素或体检项目存在疑问时，职业健康检查机构有义务进行解释或提供帮助。

人数较少的情况下可由用人单位出具的介绍信代替合同（协议）。介绍信应包括以下内容：委托单位名称、单位地址、单位联系人及联系电话，职业健康检查人员的姓名、身份证号码、工种、车间部门、接触职业病危害因素种类、检查类别、总工龄、接害工龄，并加盖单位公章。

如未签订《职业健康检查委托合同（协议）》或不能提供有效的单位介绍信，则不能求证受检者的职业史及体检需求，无法开展职业健康检查。

（二）确定检查项目

职业健康检查机构主检医师应当依据 GBZ 188、《放射工作人员健康要求及监护规范》（GBZ 98—2020，以下简称 GBZ 98），结合用人单位提交的资料，明确职业健康检查的项目和周期。检查项目应完整，无缺项、漏项。

根据 GBZ 188 已列出的职业病危害因素，按照标准开展职业健康检查；对 GBZ 188 未包括的职业病危害因素需要开展职业健康检查的，需通过专家评估后确定，评估内容详见 GBZ 188。

对接触两种及以上职业病危害因素的作业人员，其检查项目应包含各职业病危害因素对应的必检项目，相同的检查项目只需检查一次。

GBZ 188 中鼓励用人单位将职业健康检查与医学健康检查相结合。

职业健康检查的周期应根据不同职业病危害因素的性质、工作场所有害因素的浓度或强度、目标疾病的潜伏期和防护措施等因素决定。

（三）（团检）预约体检

体检协议签订后，职业健康检查机构应收集用人单位该次职业健康检查人员电子名册，名册内容应包括：受检者姓名、性别、身份证号码、年龄、总工龄、接害工龄、车间、部门、工种，职业健康检查的种类，接触职业病危害因素名称，防护措施等。

职业健康检查机构应按照名册预约体检，同时将体检须知、个人职业史问卷调查表（或小程序）发送至用人单位，由用人单位下发至个人，并统一收集个人职业史问卷调查表交至职业健康检查机构。

用人单位按照协议规定的时间及每日体检人数组织劳动者进行职业健康检查。

（四）体检前准备

职业健康检查机构应将职业健康检查须知提前告知用人单位。确保受检者在体检的前一天注意休息，避免劳累，尽量保持良好的体力和精神状态，严格遵守体检须知上的要求，尤其是特殊项目的检查应严格按照须知要求进行。

职业健康检查机构应根据职业健康检查的任务要求，做好相应的人员、体检设备及器材、检查场地等准备。

1. 人员准备

职业健康检查机构应具有与职业健康检查类别相适应的主检医师，以及满足相应专业执业医师和执业护士。

2. 体检设备及器材准备

体检设备及器材包括身高体重仪、血压计、B 超、心电图机、临检设备、理化检验设备等。职业健康检查仪器、设备等应与用人单位委托的职业健康检查类别、项目和检测能力相适应，并按照有关法律法规、标准要求进行计量、校准和检定；开展外出职业健康检查，应有相应的职业健康检查仪器、设备、专用车辆等。如有车载隔音室的，需符合国家标准《声学　测听方法　第 1 部分：纯音气导和骨导测听法》（GB/T 16296.1—2018）。并准备好职业健康检查项目所需各项耗材等。

3. 检查场地准备

职业健康检查场所、候检场所和检验室符合国家卫生健康委《职业健康检查管理办法》的要求，并保持场所整洁、明亮、通风良好。

二、职业健康检查过程

职业健康检查机构根据委托协议，按照相关规范开展职业健康检查，每个检查项目必须严格核对身份，以防止替检。职业健康检查过程包括以下内容。

（一）登记

受检者到达职业健康检查机构后医护人员认真核对受检者身份证并登记，受检者获取导医单，按导医单进行相关检查。随着信息系统的发展，可在体检现场对受检者留影，并上传至导医单，防止冒名顶替。

（二）问诊

采集受检者个人资料、职业史、个人生活史、现病史、既往史、家族史、用药情况等。应由受检者对问诊内容进行签字确认。当受检者提供的信息与用人单位提供的职业史关键信息不一致时（如接害工龄、危害因素），应暂停登记或体检，待双方信息核实准确后再进行。

其中职业史包括起止时间、工作单位、车间（部门）、班组、工种、接触职业病危害因素（危害因素的名称，接触两种以上应具体逐一填写）、接触时间、防护措施等。负责询问的医护人员应熟悉相关内容，注意系统性和目的性，要特别注意不同的职业病危害接触史和不同的时段应分开记录，特别注意接触时间、工种、接触的职业病危害因素名称的准确。

既往史采集需要注意询问职业病及既往疾病史、外伤手术史、过敏史等，有职业病诊断史时，应详细记录诊断时间、诊断机构、职业病名称及其期别，必要时应进行信息复核。

（三）一般检查项目

一般检查项目包括血压、心率、呼吸频率、身高、体重测量和营养状况观测。详见本书第四章第一节。

（四）症状询问

针对不同职业病危害因素及其可能危害的靶器官，如神经系统、呼吸系统等，有重点地问诊。具体详见本书第四章第一节。

（五）职业健康相关检查

职业健康相关检查包括常规体格检查、相关神经系统检查，眼科、耳科、鼻及咽部、口腔科及其他外科常规检查内容，具体详见本书第四章第一节。

（六）辅助检查

辅助检查包括心电图、肺功能、纯音听阈测试、超声检查和胸部 X 射线摄片检查等，各检测室应独立或相对独立，医、检分离，按照各专业操作规程规范执行。具体详见本书第四章第二节。

（七）完检确认

受检者在完成所有体检项目后，将导医单交回体检登记处，由登记处工作人员确认完检，现场体检流程结束。在职业健康检查过程中，当受检者因身体原因无法进行相关检查项目，应告知受检者补检时间及注意事项；当受检者因个人原因拒绝进行相关检查项目，应告知受检者拒绝检查所带来的后果并在导医单上签字确认，但是必检项目除外。

（八）临床重大阳性结果告知

每家职业健康检查机构都应根据检查项目的特点设置“危急值”目录，并建立报告流程。在体检结束后有可能发现与重大疾病防治相关的重要异常结果（如高血压危象、疑似恶性肿瘤、可疑活动性肺结核、传染性疾病等），这些异常结果如能得到及时、规范的处置，早发现、早诊断并采取适当的干预治疗措施，可有效提高重大疾病的诊疗效果，甚至挽救受检者的生命，因此，体检机构在检查过程中如发现“危急值”目录内异常结果应有专人第一时间通知受检者和用人单位，以避免延误就诊时间，同时填写“危急值”结果登记表。

（九）补检

职业健康检查机构在受检者检查完毕后，应对受检者必检项目完成情况进行核查，发现必检项目缺项、错项的应立即纠正并通知补检。

（十）复查

劳动者在接受职业健康检查时发现与目标疾病有关的某项或几项检查指标异常时，由主检医师视需要进行复查或补充检查以确定异常性质。进行复查或补充检查时应出具书面通知，明确检查对象、复查或补充检查项目、时间及注意事项。复查或补充检查原则上应在总结报告出具前进行。如在首次检查的 30 个工作日内未完成复查或补充检查，体检机构可先出具职业健康检查总结报告，对出现上述情况的人员注明暂无个体结论，在复查或补充检查结果出来后出具复查 / 补充检查报告。3 个月内未完成复查或补充检查者，视作未参加本次职业健康检查，应重新进行职业健康检查。

三、职业健康检查后的工作

（一）出具职业健康检查报告

1. 个体报告

受检者职业健康检查完成后，应由主检医生综合分析受检者各项检查结果，填写体检结论、处理意见或医学建议并签名。个体报告和检查结论应严格按照 GBZ 188、GBZ 98 执行。

当体检结论与受检者职业史、职业病诊断史或既往体检报告存在巨大差异时，应对受检者本人、职业史、职业病诊断史进行核对和确认，以避免替检或检查中出现失误，给受检者带来损失。

个体报告应在规定的时间内书面送达用人单位。

2. 总结报告

职业健康检查结束后，职业健康检查机构应对职业健康检查结果进行汇总分析，报告内容包括：受检单位、职业健康检查种类、委托健康检查人数、实际检查人数、检查时间和地点、健康检查工作的实施情况、发现的疑似职业病、职业禁忌证和其他疾病的人数和汇总名单、处理建议等。如有未完成复查或补充检查者，报告中应列出未完成人员名单，包括受检者姓名、性别、接触有害因素名称、检查结果及需复查或补充检查的项目，需注明无体检结论。此后出具的复查或补充检查报告内容包括：受检者姓名、性别、接触有害因素名称、首次检查及复查/补充检查结果、本次体检结论、处理建议等。个体职业健康检查结果可以用一览表的形式列出。职业健康检查总结报告应在规定的时间内书面告知用人单位。

职业健康检查总结报告应由编制人编制，主检医师审核，授权签字人签发并加盖职业健康检查机构公章。

3. 职业健康风险预警

职业健康体检的最终目的虽然是发现目标疾病，即疑似职业病和职业禁忌证，但目标疾病是一个渐进的发展过程，通过体检过程发现职业性高危人群时职业健康体检机构必须高度关注并应及时告知受检单位，如：噪声作业人群在岗体检人员中双耳语频听阈正常、双耳高频平均听阈≥40dB 者或与目标疾病有关的异常指标检出值位于正常值上限者，以便受检单位从工艺、设施、个人防护、健康教育等各方面加以改进，并对高危人群进行有效管理。

4. 书面告知

按照《职业健康检查管理办法》规定，职业健康检查机构应在职业健康检查结束之日起 30 个工作日内将职业健康检查结果，包括劳动者个人职业健康检查报告和用人单位职业健康检查总结报告，书面告知用人单位。

5. 职业健康检查档案存档

职业健康检查机构应当在职业健康检查报告授权签字人签发后将资料及时归档，职业健康检查档案保存时间应当自劳动者最后一次职业健康检查结束之日起不少于 15 年，放射工作人员职业健康监护档案应终身保存。同时建有电子档案的，要强化信息安全管理，依法保障受检者个人信息安全。

（二）信息报告与告知

职业健康检查机构应按照《职业病防治法》《职业健康检查管理办法》及国家职业病防治项目中《重点职业病监测技术方案》开展职业健康检查常规监测信息的要求上报，按要求在规定时间内完成职业健康检查个案数据、用人单位团体数据及监测汇总数据的上报。具体详见本书第三章第七节。

（李　文）

第二节　职业病危害因素的确认

职业病危害因素的确认是职业健康检查的重要内容，只有掌握需要开展职业健康监护的职业病危害因素作用性质、靶器官效应等，才能在实际工作中发现问题和解决问题。以下根据我国相关法律法规要求、技术规范及 ILO 的技术指导原则，阐述开展职业健康监护的职业病危害因素界定原则，以及在工作中正确收集职业病危害因素的方法。

一、职业病危害因素类别

职业病危害因素是指在职业活动中产生和（或）存在的、可能对职业人群健康、安全和作业能力造成不良影响的因素或条件，包括化学、物理、生物等因素。我国对职业病危害因素分类有《职业病危害因素分类目录》（国卫疾控发〔2015〕92 号）、《职业病分类和目录》（国卫职健发〔2024〕39 号）两个目录，主要区别在于它们的内容和目的不同，《职业病危害因素分类目录》以预防为目的，主要列出可能导致职业病的各种因素；而《职业病分类和目录》则列出具体的职业病种类，以指导对法定职业病的诊断为导向。GBZ 188 中职业健康检查的目的之一为发现疑似职业病，因此，其列出需要开展的职业健康检查是以《职业病分类和目录》中的职业病危害因素为主。

二、需要开展职业健康监护的职业病危害因素界定

GBZ 188 在遵循 ILO《工人健康监护技术和伦理道德指导原则》文件要求下，制定了我国对需要开展职业健康监护的职业病危害因素界定原则，规定符合下列条件的，实行强制性职业健康监护：①该职业病危害因素有确定的慢性毒性作用，并能引起慢性职业病或慢性健康损害或有确定的致癌性，在暴露人群中所引起的职业性肿瘤有一定的发病率；②该职业病危害因素对人的慢性毒性作用和健康损害或致癌作用尚不能肯定，但有动物实验或流行病学调查的证据，有可靠的技术方法，通过系统的健康监护可以提供明确的证据；③有一定数量的暴露人群。

GBZ 188 关于开展职业健康监护的职业病危害因素界定原则清晰表明，不是所有危害因素都需要开展强制性职业健康监护，只有可能导致慢性职业病的危害因素才需要进行职业健康监护。

三、职业病危害因素的确认方法

职业健康检查是针对劳动者接触或即将接触的需要开展强制性职业健康监护的职业病危害因素所开展的医学检查，GBZ 188 同时将劳动者拟接触只有急性毒性，但有明确职业禁忌证的职业病危害因素的上岗前检查也作为强制性要求，因此在检查前期确认劳动者接触过哪类或哪种职业病危害因素及其职业史是工作前提。

职业健康检查是用人单位在职业健康管理体系中非常重要的手段和方法。当委托职业健康检查机构开展劳动者职业健康检查时，用人单位必须完整提供劳动者接触职业病危害因素情况及职业史，并由劳动者确认。职业健康体检机构应对劳动者接触的职业病危害因素进行核实。整个职业病危害因素确认牵涉三个环节，每个环节必须认真落实，才能体现职业健康体检的意义和所要达到的目的。

首先，用人单位应根据向卫生健康行政部门申报的所有职业病危害因素如实提供给职业健康检查机构，并对本年度准备参加职业健康检查的劳动者分别列出其职业病危害因素接触情况及职业史。我国大部分省市都有统一的职业健康体检个体表，其中有一张需要填写劳动者职业病危害因素接触情况、职业史的表单，其内容可以由用人单位自行填写，也可以通过与体检机构签署委托协议形式或体检介绍信形式提供，由体检机构录入，但用人单位必须在该表单上盖章。用人单位与体检机构签署委托协议形式或体检介绍信必须包含参加职业健康体检的每个劳动者职业病危害因素接触情况和职业史。用人单位不能提供含糊不清的职业病危害种类，如“粉尘”“粉尘作业”等，必须明确粉尘的种类，是有机粉尘还是矿物性粉尘，这与发现目标疾病具有很高的相关性，如果是有机粉尘则主要关注气道疾病、过敏性疾病，矿物性粉尘则主要关注尘肺病。

其次，劳动者在体检前也必须在表单上签名确认，确认的范围包括其接触职业病危害因素的种类、职业史及本次开展的体检项目。劳动者在表单上签名，相当于对用人单位提供的职业史和劳动者所接触职业病危害因素的确认。如果忽视这一环节，很可能出现检查项目和检查结论的问题。

最后，作为职业健康检查机构，医护人员对劳动者的职业病危害因素接触情况、职业史的核对是职业健康检查前质量控制的最重要环节，在录入过程、询问劳动者时需仔细耐心，当发现用人单位提供的职业病危害因素不够规范时，应跟劳动者认真核实，当劳动者也说不清楚时，及时与用人

单位相关部门询问再次明确，询问的结果可通过用人单位发送电子邮件、微信等来获取，事后应以书面盖章形式确认，体检机构应予保存，避免以后产生不必要的纠纷。极其个别情况，如果劳动者对用人单位提交的职业病危害接触史有异议，不签名确认，原则上不能开展职业健康检查，职业健康检查机构需告知企业法律责任，用人单位应与劳动者沟通，协商讨论共同确认后再安排职业健康检查。劳动者自行要求做职业健康检查，但无用人单位委托证明，所做的医学检查不属于职业健康检查。

职业健康检查资料是劳动者职业健康监护档案的重要组成部分，是劳动者申请职业病诊断及鉴定的重要依据，也是职业健康检查机构规避法律风险的重要依据。职业健康检查机构开展职业健康检查时务必高度重视职业史及职业病危害因素确认，对所询问得到的信息需要充分评估是否合理、科学和规范。

（杨爱初　陈善豪）

第三节　职业健康检查对象的界定

一、职业健康检查对象的界定原则

关于参加职业健康检查的劳动者界定，GBZ 188 给出的总体原则如下：接触需要开展强制性健康监护的职业病危害因素的人群，都应接受职业健康监护；在岗期间定期健康检查为推荐性的，原则上可根据用人单位的安排接受健康监护；虽不是直接从事接触需要开展健康监护的职业病危害因素的作业，但在工作场所中受到与直接接触人员同样的或几乎同样的接触，应视同职业性接触，需和直接接触人员一样接受健康监护；根据不同职业病危害因素暴露和发病的特点及剂量－效应关系，主要根据工作场所有害因素的浓度或强度以及个体累计暴露的时间长度和工种，确定需要开展健康监护的人群。

对参加职业健康检查劳动者的界定，从法律法规层面而言，是用人单位的义务，是由用人单位根据职业危害监测的结果，遵循开展劳动者职业健康监护的基本原则，对拟从事职业病危害作业、直接接触职业病危害因素；非直接接触，但在工作中受到与直接接触人员同样的或几乎同样的接触；在岗时接触职业病危害因素，离岗后仍有可能发生职业病的；有特殊健康要求作业的劳动者组织开展职业健康检查，而职业健康检查机构则依据 GBZ 188 和相关技术规范及现有专家的实践经验为用人单位提供参考意见。在实际工作中，无论是用人单位、医疗机构专业人员或是卫生健康行政部门对某些工作的劳动者是否需纳入职业健康检查尚有争议。例如，对于在日常工作中并未接触职业病危害因素，由于意外或操作不当引起的急性中毒事故的相关人员是否应当参加定期职业健康检查，需要各方对引起劳动者健康损害的原因与性质、日常工作环境和方式等开展分析，按照劳动者职业健康监护要求进行界定。否则等同于扩大职业健康检查的适用范围，不但增加了用人单位的经济负担，可能还会带来很多不应发生的后果。

无论是用人单位还是职业健康检查机构的主检医师都应深刻理解 GBZ 188 的理论要求，掌握职业健康监护人群的界定内涵，正确判断劳动者是否需要开展职业健康检查。

根据 ILO《工人健康监护技术与伦理道德指导原则》的文件精神及 GBZ 188 中规定的原则，不是所有职业病危害因素都需要开展强制性职业健康监护，应该根据职业病危害因素的性质、引起健康损害的特点来判断，有些是从国家层面要求必须开展的职业健康监护，属于强制性的，也有些职业病危害因素并不需要强制性地开展职业健康监护，可以是用人单位自愿开展。我国现行 GBZ 188 按照劳动者开展健康监护的原则，将在岗期间职业健康检查分为强制性和推荐性两类。

二、职业健康检查对象的界定范围

（一）参加上岗前职业健康检查的劳动者界定

拟接触职业病危害因素的劳动者上岗前职业健康检查均属于强制性，要求在劳动者开始从事有害作业前完成。上岗前职业健康检查的对象为：①所有拟从事接触职业病危害因素作业的新录用人员，包括转岗到该种作业岗位的人员；②拟从事有特殊健康要求作业的人员，如高处作业、电工作业、职业机动车驾驶作业等。

（二）参加在岗期间职业健康检查的劳动者界定

在岗期间职业健康检查的人群界定是根据不同职业病危害因素的性质、可能导致职业病类型等，分为强制性和推荐性两类。对人体只有急性健康损害的职业病危害因素并有明确的职业禁忌证的，接触该类因素的劳动者在岗期间职业健康检查为推荐性，用人单位应根据本单位职业病危害因素的性质、工作场所有害因素的浓度或强度以及所采取的防护措施等，认真听取职业健康检查机构的说明和建议，本着以人为本的理念，决定是否开展该检查项目和如何开展。

（三）参加离岗时职业健康检查的劳动者界定

劳动者在准备调离或脱离所从事的职业病危害作业或岗位前，应进行离岗时健康检查。离岗健康检查一般应在离岗前的 90 日内完成，因某些亚急性中毒可能在接触毒物的 2~3 个月内发生，如最后一次在岗期间的健康检查是在离岗前的 90 日内，且该岗位工艺流程、使用原辅材料、操作方式、防护措施无变化的可视为离岗时健康检查，一般情况下不再进行离岗健康检查。

（四）参加离岗后职业健康检查的劳动者界定

离岗后职业健康检查的人群界定主要依据接触职业病危害因素的性质、其导致的疾病是否存在“迟发”现象而决定，一般指有可能罹患尘肺病、职业性肿瘤、慢性锰中毒、金属铍病等的劳动者。

（五）参加应急职业健康检查的劳动者界定

应急职业健康检查是一种特殊的在岗职业健康检查。《用人单位职业健康监护监督管理办法》（国家安全生产管理总局令第 49 号）第三十八条规定，对遭受或者可能遭受急性职业病危害的劳动者，应当及时组织救治、进行健康检查和医学观察，并承担所需要的费用。所以，当发生急性职业病危害事故时，根据事故处理的要求，对遭受或者可能遭受急性职业病危害的劳动者，应及时组织进行健康检查。从事可能产生职业性传染病作业的劳动者，在疫情流行期或近期密切接触传染源者，应及时开展应急健康检查，随时监测疫情动态。

（六）接触未纳入 GBZ 188 的职业病危害因素劳动者

随着我国社会经济快速发展，产业结构升级换代，提倡大力发展新质生产力，必定出现新的工作方式，随着新业态、新工种的不断产生，劳动者接触的职业病危害因素更为复杂、多样，未知的职业病危害因素也必会出现。同时，《职业病危害因素分类目录》的部分职业病危害因素在 GBZ 188 中未被列入，再有，虽然列入 GBZ 188 中，但现在对这个危害因素毒作用有新的认识，需要增加检查类型或类别。针对这些情况如何开展在岗或离岗职业健康检查，如何确定检查内容、检查周期等，用人单位需提请辖区内职业健康相关专家评估，评估方法应遵循 GBZ 188 中对开展职业健康检查的职业病危害因素界定原则相关条款：“对 GBZ 188 标准未包括的其他职业病危害因素如需开展健康监护，需通过专家评估后确定，评估内容包括：这种物质在国内正在使用或准备使用，且有一定量的暴露人群；有文献资料，主要是毒理学研究资料，确定其是否符合国家规定的有害化学物质的分类标准及其对健康损害的特点和类型；查阅流行病学资料及临床资料，有证据表明其存在损害劳动者健康的可能性或有理由怀疑在预期的使用情况下会损害劳动者健康；对这种物质可能引起的健康损害，是否有开展健康监护的正确、有效、可信的方法，需要确定其敏感性、特异性和阳性预计值；健康监护能够对个体或群体的健康产生有利的结果。对个体可早期发现健康损害并采取有效的预防或治疗措施；对群体健康状况的评价可以预测危害程度和发展趋势，采取有效的干预措施；健康检查的方法是劳动者可以接受的，检查结果有明确的解释；符合医学伦理道德规范。”一般来说，职业健康检查机构中相关专业高级职称的专家应该具备这种评估的能力，评估时应关注危害因素的靶器官和健康效应，如果需要劳动者接受职业健康检查，可参照类似职业病危害因素确定劳动者的检查项目和体检周期。

（杨爱初　孙道远）

第四节　职业健康检查类别的选择和周期

一、职业健康检查类别的选择

根据 GBZ 188 对需要开展职业健康监护的职业病危害因素的界定原则中关于“对接触的职业病危害因素，对人体只有急性健康损害并有确定的职业禁忌证的，上岗前执行强制性健康检查，在岗期间执行推荐性健康检查”的要求，劳动者在接触不同性质的职业病危害因素时应采取的职业健康检查的种类有所区别，以下是针对不同职业病危害因素所应采取的强制性或推荐性职业健康检查种类（见表 2–1）。

表 2–1　职业病危害因素体检类别设置原则

职业病危害因素性质	职业健康检查种类				
	上岗前职业健康检查	在岗期间职业健康检查	离岗时职业健康检查	应急健康检查	离岗后健康检查
只有急性健康损害，可导致国家法定职业病的、有具体的诊断标准，并有确定的职业禁忌证	强制	推荐	无	强制	无
有确定的慢性毒性作用；可能有慢性毒性作用	强制	强制	强制	无	无
有慢性毒性作用，脱离接触后仍可能发病	强制	强制	强制	无	推荐
既有急性毒性又有慢性毒性	强制	强制	强制	强制	无

二、职业健康检查周期及离岗后的医学随访

职业健康检查周期指对从事接触职业病危害因素的劳动者开展定期健康检查的周期，及接触该职业病危害因素需开展离岗后的健康检查随访时间的长短和随访周期。影响职业健康检查周期的因素很多，主要是职业病危害因素的种类、性质及其毒理学特征，工作场所有害因素的浓度（或强度）、职业病危害作业分级、防护措施，以及其所致职业病的自然进程，如目标疾病的潜伏期、潜隐

期、病程的自然发展规律（转归）、劳动者接触职业病危害因素的工龄等，还有个体健康因素甚至遗传因素的影响。因此，在确定职业健康检查的周期时，必须综合考虑各方面的因素，就某种具体职业病危害因素作出具体的符合实际情况的规定。

（一）定期健康检查周期

在岗期间职业健康检查周期中，针对有害化学因素大部分为固定时间周期，少部分依据工作场所职业病危害作业分级结果来确定；粉尘类因素依据工作场所职业病危害作业分级结果来划分；物理因素中噪声作业根据工作场所职业病危害作业分级结果来确定，其他为固定时间周期，其中高温作业职业健康检查应在每年高温季节到来之前进行；生物因素和特殊作业为固定时间周期。按工作场所职业病危害作业分级来确定职业健康检查周期的职业病危害因素，当生产工艺、劳动过程及防护措施发生变化时，应重新进行分级。未进行工作场所职业病危害作业分组或分级结果无效的，健康检查周期按Ⅱ级及以上执行。特别强调：①在定期健康检查周期中，用人单位应准确记录接触不同职业病危害因素劳动者职业健康检查时间，严格遵照 GBZ 188 规定的周期科学、合理安排职业健康检查；②应该鼓励用人单位在作业场所防护设施和管理上做出更多的努力，以达到国家规定的职业卫生标准限值。职业健康监护属于职业病防治初级预防工作之一，其最终目的是为工程设计防护设施、个体防护控制提供依据。

1. 化学因素

《工作场所职业病危害作业分级　第 2 部分：化学物》（GBZ/T 229.2—2010）中对有毒作业分级的要求，主要依据包括化学物的危害程度、化学物的职业接触比值和劳动者的体力劳动强度三个要素的权重值。对以慢性毒性作用为主同时具有急性毒性作用的物质，应根据时间加权平均容许浓度（PC-TWA）、短时间接触容许浓度（PC-STEL）进行分级，只有急性毒性作用的物质才可根据最高容许浓度（MAC）进行分级。按照 GBZ/T 229.2—2010 计算方法，化学物的危害程度级别的权重值、劳动者体力劳动强度的权重值与化学物的职业接触比值的权重值三者的乘积 G 为有毒作业分级指数，当 $1<G\leq 6$、$6<G\leq 24$、$G>24$ 时分别为Ⅰ级（轻度危害作业）、Ⅱ级（中度危害作业）、Ⅲ级（重度危害作业）；当 G 小于 1 时，为 0 级（相对无害作业）。

在依据工作场所职业病危害作业分级结果来划分在岗期间定期职业健康检查周期时，一般作业场所有毒作业分级为Ⅰ级及以下时，职业健康检查周期为 2 年 1 次，分级为Ⅱ级及以上时，职业健康检查周期为 1 年 1 次，如汞及其无机化合物、砷、氯乙烯、丙烯酰胺等。其他固定时间周期具体参照 GBZ 188 执行。部分化学因素的个别检查项目有特殊检查周期，如铅及其无机化合物，血铅 400~600μg/L 或尿铅 70~120μg/L，每 3 个月复查血铅或尿铅 1 次；血铅 <400μg/L，或尿铅 <70μg/L，每年体检 1 次；接触砷、磷及其无机化合物、四氯化碳、三硝基甲苯、氯乙烯、氯丁二烯等有慢性肝毒性的化学物质的劳动者，需增加在岗期间的生物学监测频次，即每半年检查 1 次肝功能，健康体检每年 1 次；接触有机磷杀虫剂等的劳动者，需半年检查 1 次全血或红细胞胆碱酯酶活性测定；致喘物，初次接触致喘物的前两年，劳动者每半年体检 1 次，2 年后改为每年 1 次；在岗期间劳动者新发生过敏性鼻炎，每 3 个月体检 1 次，连续观察 1 年，1 年后改为每年 1 次。

2. 生产性粉尘

《工作场所职业病危害作业分级　第 1 部分：生产性粉尘》（GBZ/T 229.1—2010）中对生产性粉尘作业分级要求，主要依据包括粉尘中游离二氧化硅含量、工作场所空气中粉尘的职业接触比值和劳动者的体力劳动强度等要素的权重数，三者的乘积为分级指数 G，当 G 为 0 时，为 0 级（相对无害作业），当 0<G≤6、6<G≤16、G>16 时分别为Ⅰ级（轻度危害作业）、Ⅱ级（中度危害作业）、Ⅲ级（重度危害作业）。粉尘致肺组织纤维化的能力主要决定于游离二氧化硅的含量，游离二氧化硅的含量越高，致肺纤维化能力越强，职业健康检查周期要求越严格，对应不同种类的粉尘根据生产性粉尘作业分级职业健康检查周期不同。矽尘、煤尘等 9 种常见生产性粉尘的职业健康检查周期见表 2-2。

表 2-2　9 种常见生产性粉尘的职业健康检查周期

序号	生产性粉尘	职业健康检查周期
1	游离二氧化硅粉尘［结晶型二氧化硅粉尘，又称：矽尘（游离二氧化硅含量≥10% 的无机性粉尘）］	①生产性粉尘作业分级Ⅰ级及以下，2 年；生产性粉尘作业分级Ⅱ级及以上，1 年； ② X 射线胸片表现有尘肺样小阴影改变的基础上，至少有 2 个肺区小阴影的密集度达到 0/1，或有 1 个肺区小阴影密集度达到 1 级，检查周期为 1 年，连续观察 5 年，若 5 年内不能确诊为矽肺患者，按①执行
2	煤尘	①生产性粉尘作业分级Ⅰ级及以下，3 年；生产性粉尘作业分级Ⅱ级及以上，2 年； ② X 射线胸片表现有尘肺样小阴影改变的基础上，至少有 2 个肺区小阴影的密集度达到 0/1，或有 1 个肺区小阴影密集度达到 1 级，检查周期为 1 年，连续观察 5 年，若 5 年内不能确诊为煤工尘肺患者，按①执行
3	石棉粉尘	①生产性粉尘作业分级Ⅰ级及以下，2 年；生产性粉尘作业分级Ⅱ级及以上，1 年； ② X 射线胸片表现有尘肺样小阴影改变的基础上，至少有 2 个肺区小阴影的密集度达到 0/1，或有 1 个肺区小阴影密集度达到 1 级，检查周期为 1 年，连续观察 5 年，若 5 年内不能确诊为石棉肺患者，按①执行
4	其他致尘肺病的无机粉尘［根据职业病目录，系指炭黑粉尘、石墨粉尘、滑石粉尘、云母粉尘、水泥粉尘、铸造粉尘、陶土粉尘、铝尘（铝、铝矾土、氧化铝）、电焊烟尘等粉尘］	①生产性粉尘作业分级Ⅰ级及以下，4 年；生产性粉尘作业分级Ⅱ级及以上，2~3 年； ② X 射线胸片表现有尘肺样小阴影改变的基础上，至少有 2 个肺区小阴影的密集度达到 0/1，或有 1 个肺区小阴影密集度达到 1 级，检查周期为 1 年，连续观察 5 年，若 5 年内不能确诊为尘肺患者，按①执行
5	棉尘（包括亚麻、软大麻、黄麻粉尘）	①劳动者在开始工作的第 6 个月至 12 个月应进行 1 次健康检查； ②生产性粉尘作业分级Ⅰ级及以下，4~5 年及以下；生产性粉尘作业分级Ⅱ级及以上，2~3 年； ③工作期间偶尔发生胸部紧束感和（或）胸闷、气短、咳嗽等呼吸系统症状，脱离工作后症状缓解，FEV_1 工作班后与班前比较下降不超过 15% 者，医学观察时间为半年，观察期满仍不能诊断为棉尘病者，按②执行
6	有机粉尘［指动物性粉尘（动物蛋白、皮毛、排泄物）、植物性粉尘（燕麦、谷物、木材、纸浆、大豆、咖啡、烟草粉尘等）、生物因素（如霉菌属类、霉菌孢子、嗜热放线杆菌、枯草杆菌、芽孢杆菌等）以及具有半抗原性质的化学物质等形成的气溶胶］	①劳动者在开始工作的前两年，检查周期为半年，连续观察 2 年； ②在岗期间劳动者新发生过敏性鼻炎，检查周期为 3 个月，连续观察 1 年； ③生产性粉尘作业分级Ⅰ级及以下，2~3 年；生产性粉尘作业分级Ⅱ级及以上，1 年
7	金属及其化合物粉尘（锡、铁、锑、钡及其化合物等）	2 年
8	硬金属粉尘	1 年
9	毛沸石粉尘	1 年

3. 工业噪声

《工作场所职业病危害作业分级 第4部分：噪声》（GBZ/T 229.4—2012）中对噪声作业分级要求，主要依据劳动者接触噪声水平和接触时间对噪声作业进行分级。对于稳态噪声8小时/天暴露等效声级（LEX，8h）或40小时/周暴露等效声级（LEX，W），当85dB≤LEX，8h或LEX，W<90dB、90dB≤LEX，8h或LEX，W<94dB、94dB≤LEX，8h或LEX，W<100dB、LEX，8h或LEX，W≥100dB时，分别为Ⅰ级（轻度危害作业）、Ⅱ级（中度危害作业）、Ⅲ级（重度危害作业）、Ⅳ级（极重危害作业）。对于LEX，8h或LEX，W≥80dB但<85dB的作业人员，在目前的作业方式和防护措施不变的情况下，应进行健康监护，职业健康检查周期为2年1次；对于LEX，8h或LEX，W≥85dB的作业人员，职业健康检查周期为1年1次。

4. GBZ 188规定范围以外的化学因素和生产性粉尘

对于未纳入GBZ 188的化学因素和生产性粉尘，开展职业健康检查的原则在前文中已阐述，健康检查周期GBZ 188并未做出规定，但应在专家评估过程中给出意见。目前有部分省市的职业健康检查机构参照《工作场所有害因素职业接触限值》（GBZ 2.1—2019）中“行动水平”提出建议，通过以下方式处理：①作业场所职业病危害因素浓度当年未检出，当年可不进行职业健康检查；②检出但未超过限值标准一半（0级有毒作业），3~4年进行1次职业健康检查；检出但超过限值标准一半（0级有毒作业），2~3年进行1次职业健康检查；③检出并超过限值标准的（Ⅰ级有毒作业），2年进行1次职业健康检查；检出并超过限值标准的（Ⅱ级及以上有毒作业）场所需进行工程、工艺控制，并监督劳动者佩戴个人防护用品，每年至少进行1次职业健康检查；④对无职业病危害因素监测资料的用人单位应督促其进行职业病危害因素检测。详见附录3。

（二）离岗后的医学随访

国家相关法律法规并未对离岗后的职业健康检查作出规定，GBZ 188中对离岗后的健康检查也未提出强制性要求，但是国内很多实践案例表明，某些职业病危害因素具有慢性健康影响，所致疾病具有较长的潜伏期或潜隐期，脱离接触后仍有可能发生职业病，又称“迟发性职业病”。故对接触这类职业病危害因素的劳动者早期发现职业病，离岗后的医学随访是非常有必要的。对早期发现职业病，保护劳动者健康，以及促进社会和谐稳定发展具有重要意义。

离岗后的医学随访的时间和周期的设定，主要根据职业病危害因素的流行病学特点、劳动者从事该作业的时间长短、工作场所职业病危害因素的浓度、该有害因素致病的可能的最长潜伏期或潜隐期以及已患职业病的临床特点。

（秦　莹）

第五节　医学实验室与辅助检查项目的设置

一、医学实验室与辅助检查项目设置的基本原则

应根据不同的职业病危害因素，通过查询对人体危害的毒理学及流行病学资料，明确其作用的靶器官，在确定目标疾病后有针对性制定检查项目。一般来说，医学实验室与辅助检查项目应遵循必要性、相关性、科学性和有效性原则，特别是要具有特异性、敏感性，能与发现目标疾病相对应。

GBZ 188 对劳动者接触职业病危害因素所开展的医学监测是最低检查标准，用人单位组织开展的其他常规医学健康检查不能替代职业健康检查。

二、医学实验室及辅助检查项目分类

GBZ 188 将医学实验室检查及辅助检查项目分为必检项目、补充检查项目。必检项目、补充检查项目的设定原则是坚持检查项目与目标疾病对应。必检项目是最基本的要求，基本能达到职业健康检查目的。GBZ 188 是保护劳动者健康的基本要求，根据职业健康监护的理论，其本身不是项目越多越好，但是鼓励用人单位将职业健康检查与其他医学健康检查及实验室检查相结合，可避免劳动者重复医学检查，同时减轻用人单位经济压力。此外，体现职业健康检查具有针对性、敏感性要求的主要方法之一是生物标志物的检测，在职业健康检查项目设置中必须要加以重视。GBZ 188 为做到早期发现健康损害或潜在的危险暴露，真实反映劳动者的内暴露情况，考虑与相关职业病诊断标准中涉及的生物标志物衔接，根据不同生物标志物的实际意义，将其分别列入必检项目、补充检查项目或应急检查中。

补充检查项目指受检者与目标疾病有关的某项或几项检查指标异常，需要补充医学实验室或/和辅助检查的项目，拟通过进一步检查以确定异常性质。例如，神经－肌电图是确定职业禁忌证多发性周围神经病的重要手段，但该项检查操作专业性强、检查用时较长，且是一种有创性检查，并不适合做大规模筛查。考虑到糖尿病患者周围神经病的发病率高，而检测血糖方便快捷，因此，以血糖作为必检项目对相应职业人群进行筛查，对筛查异常者或有周围神经病表现者，可选择糖化血红蛋白和神经－肌电图作为补充检查。在确定补充检查项目时应把握两个原则：一是从严的原则，不是所有与目标疾病有关的检查异常都需要设立补充检查项目；二是补充检查项目的前提是在职业健康检查时发现与目标疾病有关的指标异常，并对明确异常性质有指导意义时才需要做补充检查项目。通过补充检查项目后所出具的结论、报告出具时限与职业健康检查相关要求一致。是否需要复查或补充检查由主检医师确定。

三、各种类职业健康检查中医学实验室及辅助检查项目设置

根据职业健康检查的种类和不同的职业病危害因素及其目标疾病，确定具体的医学检查方法和检查项目（见附录 1）。总体来说，职业健康检查项目需紧密结合国家职业病诊断标准，尽量做到针对性、特异性和敏感性。

（一）上岗前医学实验室及辅助检查项目

上岗前医学实验室及其他检查需结合职业禁忌证来设置重点检查项目，此外所有职业病危害因素的上岗前检查项目均应包括血常规、尿常规、肝功能、心电图 4 项，以便为劳动者建立基础健康档案。GBZ 188 未包括的其他职业病危害因素经专家评估后，如果需要开展职业健康检查的，上岗前检查项目应包括上述 4 项检查。

（二）在岗期间医学实验室及辅助检查项目

在岗期间的职业健康检查是职业健康监护的核心工作，医学实验室及辅助检查项目主要针对职业病危害因素的慢性毒作用，及劳动者在工作后出现的职业禁忌证设置，其项目设置原则：检查项目为成熟、可靠技术；易被劳动者接受；应有明确的意义，与发现目标疾病密切相关；尽可能具有特异性和敏感性；符合医学伦理道德规范，避免不能满足要求的检查技术，以免使劳动者过多暴露

健康隐私，增加心理负担，甚至可能损害劳动者的相关权利。总之，检查项目设定应力求科学、必要、简便、精准。GBZ 188 对其纳入的职业病危害因素均给出了具体的医学实验室及辅助检查项目。

（三）离岗时医学实验室及辅助检查项目

根据劳动者在岗期间接触的职业病危害因素，医学实验室及辅助检查项目应具有针对性，围绕劳动者离岗时是否存在疑似职业病设置，具体操作按照 GBZ 188 规定的离岗时的职业健康检查项目进行检查。

（四）应急职业健康检查时医学实验室及辅助检查项目

应急职业健康检查应在事故发生后立即开始。这是因为应急职业健康检查的目的是及时了解遭受或可能遭受急性职业病危害的劳动者的健康状况，为急救和治疗提供重要的医学依据，控制职业病危害的继续蔓延和发展，确保劳动者的健康权益得到保障。因此，应急职业健康检查中医学实验室及辅助检查项目应根据职业病危害因素可能造成健康损害的相应靶器官设置，目的是能准确反映该危害因素对劳动者健康的实际影响，判断劳动者是否遭受健康损害以及损害程度。

（五）离岗后医学实验室及辅助检查项目

离岗后职业健康检查的医学实验室及辅助检查项目主要依据职业病危害因素可能导致劳动者罹患职业病的潜伏期、潜隐期、疾病特点而设置。项目设置原则是对劳动者离岗后能被早期发现职业病或疾病进展情况具有特异性、敏感性的指标。GBZ 188 对接触锰、铍、镉、铬、砷、联苯胺、氯甲醚、双氯甲醚、焦炉逸散物、煤焦油、煤焦油沥青、石油沥青、β- 萘胺、游离二氧化硅粉尘、煤尘、石棉，其他致尘肺病的无机粉尘、毛沸石粉尘等职业病危害因素的劳动者以及高气压作业人员，推荐离岗后开展健康检查。

（六）未纳入 GBZ 188 的职业病危害因素职业健康检查中医学实验室及辅助检查项目设置

根据实践经验，部分常见 GBZ 188 中未纳入的职业病危害因素，对其有接触的劳动者的职业健康检查项目可在内科常规检查、神经系统常规检查、血常规、尿常规、肝功能、心电图的基础上，专家评估医学检查项目时可参考本书附录 3。

（秦　莹）

03 第三章　职业健康检查的结论与报告

第一节　职业健康检查报告概述

国家卫生健康委2019年发布的《职业健康检查管理办法》中规定，职业健康检查机构应当在职业健康检查结束之日起30个工作日内将职业健康检查结果，包括劳动者个人职业健康检查个体报告和用人单位职业健康检查总结报告，书面告知用人单位，用人单位应当将劳动者个人职业健康检查个体报告及职业健康检查机构的建议等情况书面告知劳动者；对职业健康检查机构发现疑似职业病患者时，应当告知劳动者本人并及时通知用人单位，同时向所在地卫生健康行政部门报告。发现职业禁忌证的，应当及时告知用人单位和劳动者；职业健康检查机构要依托现有的信息平台，加强职业健康检查的统计报告工作，逐步实现信息的互联互通和共享；职业健康检查机构应当建立职业健康检查档案。职业健康检查档案保存时间应当自劳动者最后一次职业健康检查结束之日起不少于15年。因此，职业健康检查报告包括对劳动者及用人单位的职业健康检查结果出具的总结、评价报告，还包括对卫生健康行政部门及相关管理机构的职业健康检查信息报告、职业病报告。本章主要围绕职业健康检查后医疗机构出具的结果报告或信息报告提出规范性要求。

GBZ 188中，职业健康检查报告可分为职业健康检查个体报告、职业健康检查总结报告和职业健康监护评价报告。经备案许可的职业健康检查机构主要是向用人单位、劳动者出具个体报告和用人单位本次参加职业健康检查实际人群的总结报告。职业健康检查机构应根据相关规定与用人单位签订职业健康检查委托协议书，按照合同约定向用人单位和劳动者提交职业健康检查报告，职业健康检查结果的报告和评价应严把质量关，应遵循法律严肃性，技术的科学性、严谨性和客观公正性，要充分保护劳动者的就业权及知情权。新修订的GBZ 188特地提出，为方便劳动者，所有职业健康检查机构应开通个体体检结果的网络查询，或将职业健康检查个体电子报告直接推送给受检者本人，并推送相关职业病防治知识。

我国卫生健康行政部门对职业病防治工作的重点之一是要求全国各级职业卫生技术服务机构要建立健全信息监测系统，实时将用人单位委托的各项职业健康服务结果通过网络上报，对发现的职业病及时进行网络直报，由中国疾病预防控制中心对上报的职业健康检查信息数据进行汇总分析、评估、解释和发布。

（郭孔荣　孙道远）

第二节　职业健康检查结论概述与目标疾病的处置

一、职业健康检查结论的概念及意义

职业健康检查主要是为了判断劳动者是否存在职业健康损害。因此，职业健康检查完成后，职业健康检查机构必须对劳动者作出个体结论，对受检单位出具总结报告，这也是职业健康检查与普通健康检查最主要的区别。严谨规范的职业健康检查结论表述，对保护劳动者身心健康至关重要，并有利于相关部门对职业健康检查结果的统计分析及卫生健康行政部门开展相关政策的制定。同时，规范的结论，经过时间的检验，不仅能帮助职业健康检查机构发现劳动者职业健康的动态变化，也能帮助职业健康检查机构防范法律风险。

二、职业健康检查结论的分类

根据 GBZ 188，对于劳动者个体的检查结论分为 4 种：①目前未见异常；②疑似职业病；③职业禁忌证；④其他疾病或异常。疑似职业病和职业禁忌证这两个结论是职业健康检查最重要的关键结论，又称目标疾病。

（一）目前未见异常

本次职业健康检查各项检查指标均在正常范围内。

（二）疑似职业病

“疑似职业病”结论是指在健康检查过程中主检医师依据职业史、临床表现、实验室及辅助检查、生物标志物检测等发现劳动者出现的疾病可能与接触的职业病危害因素有关，但所掌握的接触证据或医学证据尚不能确定所患疾病是否是职业病，需要进一步收集证据以明确诊断的一种暂时的状态。

疑似职业病的检查结论对于保护劳动者的健康权益和便于卫生健康行政部门对用人单位职业病危害的管理都具有现实意义，但是如何把握界定的尺度是一个值得探讨的问题。如果过于宽松，则可能增加不必要的个人、用人单位和医疗机构的社会成本；而过于严格，则存在个人健康权益受损的问题。因此，职业健康检查机构中的主检医师专业能力是重中之重，必须科学、规范出具该结论。

疑似职业病虽然是一个检查结论，但是带有一定的诊断性质。因为疑似职业病是以现行的职业病诊断标准作为依据，结合现有接触证据和医学证据进行因果关系判断的一个过程。因此，主检医师需要了解和掌握最新的职业病诊断标准，才能保证检查结论的准确性。此外，对于有些职业病危害因素，有必要制订专门的疑似职业病界定标准，比如疑似苯中毒的界定标准。

而对于检查项目来说，有的检查相对客观，比如血铅浓度、血常规、血肝肾功能、心电图等，而有的检查就存在一定的主观性，如纯音听阈、肺功能等。因此，检查的质量也是一个值得注意的问题。此外，在职业健康检查时，用人单位提供的职业史往往比较简单，而且很多没有职业病危害因素检测报告作为佐证，职业健康检查机构仅凭委托协议书或介绍信往往难以判别。

总之，疑似职业病的结论检出不是一个简单的过程，需要系统地解决判断标准、职业史、检查的质量控制等关键环节，才能有效保证结论的准确性。因此，职业健康检查机构有必要建立疑似职业病检出和管理制度，对疑似职业病的界定、核实和报告等环节作出相应规定，才能提高结

论的检出质量。

（三）职业禁忌证

GBZ 188 中所谓“职业禁忌证”是指劳动者从事特定职业或者接触特定职业病危害因素时，比一般职业人群更易于遭受职业病危害和罹患职业病或者可能导致原有自身疾病病情加重，或者在作业过程中诱发可能导致对自身或他人生命健康构成危险的疾病的个人特殊生理或病理状态。应该引起注意的是，“职业禁忌证”是一个相对的、动态的检查结论，既要考虑职业危害因素的频率、强度和接触时间，也要顾及该个体的健康状况、疾病的轻重程度和适应程度。所谓“禁忌”只是针对：①某种特定的工作环境，如高温、寒冷、高气压等；②特定的工作岗位，如驾驶员、高空作业等；③某一岗位中的特定职业病危害因素而言，没有绝对不适合工作的情况（除非基本丧失劳动能力）。此外，“禁忌”也可能指某一时间段而已，如果有些劳动者经过治疗以后病情得到恢复、缓解，是可以恢复原来的工作的，比如活动性结核病、高血压、糖尿病等经治疗以后结核病完全治愈或者血压、血糖控制到职业禁忌证所限定的范围以外。当然，有些不可逆的慢性疾病，比如慢性阻塞性肺疾病、慢性间质性肺疾病是确实不适合从事某些影响呼吸系统的职业病危害作业如接触铍及其化合物、氯气、氮氧化物、无机粉尘的作业等；慢性肾脏疾病也不适合对肾脏有损害的职业病危害作业如接触镉及其化合物、酚类化合物的作业等。主检医师在出具“职业禁忌证”时，必须注明何种特定的环境、特定的岗位或者职业病危害因素。需要引起注意的是，如果某种岗位存在多种职业病危害因素，则必须明确劳动者对接触哪种职业病危害因素是禁忌证，用人单位通过工艺改革，消除替代这种职业病危害因素后，劳动者仍然可以从事该岗位。

因此，职业禁忌证的界定其实是一个综合判断的过程，是平衡职业人群健康权益与平等就业机会的矛盾的一种选择。在当前的社会环境下，增加就业机会应是首选。

（四）其他疾病或异常

GBZ 188 中的其他疾病或异常结论指的是除目标疾病之外的其他疾病或未达到目标疾病的某些检查指标的异常。其包括两个含义，一是职业健康检查的有些医学指标或异常确实与职业接触没有关系，另一个则是相关指标或异常与职业接触有关，但并未达到“疑似职业病”程度。作为用人单位、劳动者应正确理解这个结论，不能简单理解健康损害与职业病危害因素没有关系，也可能这结论包括在岗期间与离岗时的职业健康检查中发现某些劳动者出现与职业接触有关的“早期健康损害”。

三、关于职业健康检查结论出具前的复查工作

职业健康检查时发现与目标疾病相关的单项或多项异常，需要进行复查确认。作为主检医师，应给出明确复查的内容和时间。“复查”不属于结论，是职业健康检查过程中出现某些与目标疾病相关的关键项目异常，需要进一步通过医学检查明确的过渡性过程。此目标疾病可以是职业禁忌证，也可以是疑似职业病。“复查”本身的含义有两种，一是对医学检查结果的可靠性和真实性进行有效确定；二是确定是否存在目标疾病。职业健康检查机构在出具“复查”建议时，应注明其复查的项目、规定时间。如果在规定时间内用人单位或者劳动者方面原因未能完成复查，部分省市的质控中心要求体检机构按本次职业健康检查的初次检查结果给予结论；也有少部分地区将未复查人员不列入总结报告内，当地卫生健康行政部门认定这些人员作为未参加本次职业健康检查处理。

日常工作中有个误区，一部分主检医师认为，只有在岗期间和离岗时的职业健康检查才有复查。

这种观点存在一定偏差，有时为了判断是否为职业禁忌证，上岗前职业健康检查也可以对某个与目标疾病相关的检查项目进行复查。

复查的时间和项目应根据接触的职业病危害因素和检查类别确定，比如在岗期间和离岗时接触苯的受检者一般每2周复查一次血常规，一般连续2次低于诊断指标就可以报告疑似职业性慢性苯中毒。纯音听阈、肺功能等检查项目复查也应按照职业健康检查机构的要求按时完成，虽然GBZ 188没有明确规定复查时间，但是以一个月内为宜。因为按照《职业健康检查管理办法》第十七条规定，职业健康检查机构应当在职业健康检查结束之日起30个工作日内将职业健康检查结果，包括劳动者个人职业健康检查报告和用人单位职业健康检查总结报告，书面告知用人单位。

对大部分职业健康检查机构而言，某些复查项目可能因医疗仪器设备、技术能力等难以完成，并且职业健康检查机构也不可能仅凭借一次必检项目的检查结果就可以判断疾病的性质。因此，可建议劳动者去其他医疗机构做相关专科检查，明确疾病的诊断和进行鉴别诊断，根据外院的检查、诊断结果，由主检医师出具职业健康检查的结论。例如，接触刺激性气体的劳动者，在上岗前或在岗期间职业健康检查时发现胸部X射线摄片两肺纹理明显增多，肺功能检查有限制性通气功能减退，为判定该劳动者是否患有该刺激性化学物职业禁忌证之一的慢性间质性肺疾病，可建议其去呼吸内科就诊检查，根据呼吸专科医师出具的疾病结论来判定劳动者是否有目标疾病。

四、职业健康检查中的职业禁忌证与疑似职业病的筛查与应对

对接触职业病危害因素的劳动者进行职业健康检查是早期发现职业病、职业健康损害的关键措施。法律并未要求职业健康检查机构必须具备职业病诊断能力，职业健康检查的目标疾病是职业禁忌证和疑似职业病。因此，如何在职业健康检查时及时、准确筛查职业禁忌证，早期发现疑似职业病患者，并给予相应的处置建议，是职业健康检查质量的重中之重。

（一）职业禁忌证筛查与疑似职业病诊断的必要性

及时发现接触职业病危害因素劳动者的职业禁忌证和疑似职业病，对于源头控制、预防职业病，以及对发生的职业病进行早期干预和治疗，及保护劳动者健康具有重要的意义。

1. *保护劳动者健康*

接触职业病危害因素是发生职业病的根本原因。通过职业健康检查，及时发现劳动者对特定行业或工作环境的职业禁忌证，有助于及时采取干预措施，避免劳动者从事禁忌作业，可有效降低职业病的发生；及时发现疑似病例，对其工作环境进行调查和评估，采取措施控制职业病危害因素，可防止其他劳动者受到危害，避免职业病的群发和扩散。

2. *保障劳动者权益*

及时发现疑似职业病患者，能让用人单位和劳动者尽早了解劳动者的健康状况，以便采取相应措施，如调离岗位、进行进一步的检查、诊断和治疗，有利于防止疾病发展，保护劳动者身体健康，同时为后续可能的职业病诊断和工伤认定等提供依据。

3. *履行法律义务*

职业病防治法律法规明确规定，用人单位不得安排有职业禁忌证的劳动者从事其所禁忌的作业，因此需对接触职业病危害因素的劳动者进行职业禁忌证筛查。用人单位发现疑似职业病时，必须安排劳动者进行职业病诊断，不得拖延或隐瞒。用人单位和医疗卫生机构发现疑似职业病患者时，应当及时报告。

4. 提升工作效率

劳动者身体健康是保证工作效率的基础。通过筛查职业禁忌证，早期发现疑似职业病，用人单位可早期采取干预措施，使劳动者能够以良好的身体状态投入工作，减少因健康问题导致的工作失误和生产中断，保障正常的生产秩序。此外，及时发现职业禁忌证和疑似职业病并妥善安置，有助于防止有职业禁忌证的劳动者或者疑似职业病患者的病情加重或发展为职业病。

（二）劳动者职业禁忌证的筛查与处置

1. 劳动者职业禁忌证的筛查

对劳动者的职业健康检查，首先，应当确定该劳动者从事或即将从事的特定作业或特定环境中的职业病危害因素，明确接触该因素的劳动者在职业健康检查时目标疾病中的禁忌证范围。其次，应当确定接触该职业病危害因素时的职业健康检查项目与重点指标。

2. 劳动者职业禁忌证的处置

在以职业禁忌证为目标疾病的职业健康检查中，大部分职业健康检查项目也是提示职业禁忌证的筛查指标，还需要通过以下方式进行了解和处置。

（1）全面采集病史。详细询问或调查劳动者的既往史、个人史，针对性了解劳动者以往是否有相关疾病史和家族遗传病史等。

（2）采取的措施。在职业健康检查中发现职业禁忌证后，职业健康检查机构、用人单位和劳动者应当采取必要的措施。

（3）质量控制。职业健康检查机构的主检医师应对检查结果进行复核并确认。在出具的职业健康检查报告中明确标注职业禁忌证及建议，并以书面形式通知用人单位，告知劳动者职业健康检查结果，提出预防性建议。用人单位必须将有职业禁忌证的劳动者调离作业岗位并予以妥善安置。

（4）妥善安排。劳动者一旦被确认为职业禁忌证的，用人单位未将劳动者调离该作业岗位并妥善安置的，或者调离岗位后影响其待遇的，劳动者可向所在地的职业卫生监督管理部门投诉。

（三）职业健康检查中疑似职业病的发现与处置

疑似职业病，是职业病诊断中临床诊断思维的一个中间环节，并不是职业病诊断的结论。对于法定职业病的诊断，由于涉及工伤补偿的原因，其最终的诊断结论必然是“全”或“无”的结论，不应有中间及模糊的结论。在职业健康检查、职业病诊断，甚至临床诊疗等环节都可能遇到。法律规定，未备案开展职业病诊断的医疗卫生机构，不得进行职业病诊断，因此，在职业健康检查时，即便怀疑某劳动者可能患有职业病，也不能作出职业病诊断结论。因此，及时发现疑似职业病并规范处置，是预防职业病的关键环节，应严格遵循“早发现、早诊断、早调离”的原则，早期采取干预措施，切实保护劳动者的健康。

1. 如何发现疑似职业病

（1）关注重点筛查对象。职业健康检查人员应当树立预防意识，重视疑似职业病的早期发现，重点关注劳动者接触职业病危害因素的时间、浓度或强度，个体防护情况等。

（2）关注关键检查指标异常者。劳动者的职业史、职业病危害因素接触史表明有明确的职业病危害因素接触，临床表现符合该因素对机体的生物合理性和生物特异性以及实验室检查异常等，都是需要关注的反映职业性危害的关键指标。尤其是动态对比分析，如与既往影像资料对比，发现小阴影增多、融合，或者肺功能逐年下降的，更要密切注意病情的进展。

2. 针对疑似职业病健康检查的注意事项

核心注意事项是规范检查、完整记录职业史与职业接触史、注重动态对比分析及排除其他疾病。

（1）全面收集职业史、职业接触史，包括工种、工龄、职业病危害因素种类、防护措施等。要求用人单位提供历年工作场所职业病危害因素检测报告，注意排除非职业因素等可能干扰诊断的其他因素。

（2）做好职业健康检查的关键点，保证各项工作规范、符合质量管理中的每个环节。

（3）作出疑似职业病的初步判断。根据明确的职业接触史，结合相应靶器官的临床表现和实验室检查结果，排除其他疾病，作出初步判断。

（4）在实际工作中应注意，由于用工制度原因部分劳动者流动性较大，可能在一段时间内就职于多个用人单位从事类似的工种或作业，因此劳动者在上岗前职业健康检查时也可能发现与职业病危害因素有关的异常，应注意既往职业接触史的问询。如果劳动者提供了明确的职业史或职业病危害因素接触史，其职业健康检查结果与职业史相一致的，则可以判定为疑似职业病。

3. 发现疑似职业病后的处置流程

职业健康检查机构在职业健康检查中发现疑似职业病患者后，职业健康主检医师应对检查结果进行复核并确认，通知用人单位，告知劳动者职业健康检查结果，在出具的职业健康检查报告中明确标注疑似职业病的疾病名称以及有关职业病诊断的建议。

用人单位应当在接到职业健康检查结果的30日内安排疑似职业病患者到职业病诊断机构进行职业病的诊断，并不得以任何理由拒绝或拖延，且如实提供职业病诊断所需资料并承担诊断费用。诊断期间，可将劳动者暂时调离作业岗位，以避免病情加重，但不得解除与劳动者签订的劳动合同。对于用人单位不配合的，劳动者可自行申请诊断（费用由用人单位承担）。

（四）常见问题及其应对

在职业健康检查中，有时可能会遇到“漏诊”、疑似职业病检查结论与其他结论混淆等问题，尤其是与职业禁忌证和一般健康异常结论的混淆。这种混淆可能会给职业健康检查机构、用人单位及劳动者带来一定的风险。对于职业健康检查机构，可能因故意隐瞒疑似病例面临严厉的处罚。对于用人单位，一旦劳动者后续被确诊，则可能面临违法责任及行政处罚。对于劳动者，则可能延误职业病诊断，侵犯劳动者的职业健康权益。

1. 常见的结论混淆

（1）归类为“职业禁忌证”。在职业健康检查中，将疑似职业病错误归类为职业禁忌证的现象并不罕见。例如，劳动者胸部X射线摄片已出现尘肺样阴影改变，为规避疑似职业病带来的法律责任（如停工留薪、赔偿），有意作出“职业禁忌证”的结论，据此可仅调离粉尘作业岗位而无需启动职业病诊断程序。也有部分职业健康检查机构对尘肺病诊断标准把握不准确，误将已发生的职业健康损害归为“潜在风险”。

（2）归类为“复查”。当劳动者职业健康检查指标异常时，如纯音测听出现语频、高频损害，并提示感音性聋，而劳动者仅被要求多次“复查”，甚至出现“一年后复查”的结论，始终不出具疑似职业病结论。

（3）归类为“其他疾病或异常”。对一些健康检查结果异常，仅从临床医学角度判断，而未结合职业接触史分析，如将与接触植物性有机粉尘相关的健康问题归为“其他疾病”，而未与接触有机粉尘危害相关联。这种模糊健康检查结论的操作方式，如使用“建议调岗”“健康风险”等措辞替代

“疑似职业病”的法定表述，导致一些用人单位不履行按规定向卫生健康行政部门报告疑似职业病的义务，更是侵害了劳动者的职业健康权益。

2. 导致结论混淆的可能原因

（1）规避法律责任。用人单位合规意识薄弱，为规避疑似职业病带来的法律责任（如停工留薪、赔偿），可能要求将疑似职业病降级为职业禁忌证，干预职业健康检查结论。

（2）经济利益驱动。为维持与客户的稳定关系，部分职业健康检查机构可能迎合用人单位需求，有意作出模糊结论。

（3）职业健康检查机构能力差异。个别职业健康检查机构对《职业病防治法》的理解不充分，忽视疑似职业病需启动法定诊断程序的要求。还有部分职业健康检查机构，主检医师经验不足，尤其是对职业禁忌证判定、疑似职业病界定的能力不足，容易出现误判。

3. 处置方法

将疑似职业病归为职业禁忌证，本质是将已发生的健康损害错误定性为潜在风险，其背后可能涉及技术失误或故意违规。纠正这一问题的核心在于明确法律界限、压实用人单位主体责任和保障劳动者知情权。

（1）严格遵循 GBZ 188，严格按照“疑似职业病”应当满足的条件，结合劳动者的职业接触史、临床表现及辅助检查异常结果作出规范结论。

（2）职业健康检查机构应当依法独立实施职业健康检查，排除用人单位的干预。

（3）规范职业健康检查流程，加强职业健康检查的质量控制。发现疑似职业病，立即书面告知劳动者和用人单位。

（郭孔荣　孙道远）

第三节　职业健康检查个体报告

职业健康检查的个体体检结论非常重要，因为这对于判断是否存在职业健康损害、是否存在目标疾病具有极其重要的意义，也是职业健康群体评价和监护评价的基础。在个体体检结论的判断过程中，对于职业禁忌证的判定应慎重，不能仅凭一项检查的结果轻易下结论，应结合劳动者的既往史、治疗情况，以及其他医疗机构的检查结果等进一步明确。

一、上岗前职业健康检查个体报告

一般认为，上岗前职业健康检查的主要目的是发现有无职业禁忌证。上岗前职业健康检查的目的是对拟从事该岗位的劳动者进行适应性评估，也就是对劳动者的健康状况开展检查，评价劳动者是否适应这个岗位。上岗前职业健康检查另一个目的是用人单位建立接触职业病危害因素人员的健康档案，也是作为动态观察劳动者健康状态和健康损害的基础。用人单位希望招聘能胜任岗位的熟练操作工，而劳动者希望得到公平的就业机会，这导致在职业健康检查实际过程中会遇到一些问题。

通常职业禁忌证的判定并不困难。然而有些职业禁忌证的认定较为复杂，比如氯气、二氧化硫的职业禁忌证之一为“慢性间质性肺疾病”，仅仅依靠上岗前的必检项目（血常规、尿常规、血嗜酸粒细胞计数、肝功能、心电图、胸部 X 射线摄片、肺功能）很难确定劳动者是否明确患有慢性间质性肺疾病，因此，首先需要职业健康检查机构在劳动者体检时重视既往史、症状的询问，不能走过场；其次需建议劳动者去相关专科就诊，明确疾病诊断，最后再由职业健康检查主检医师做出结论。又如，劳动者在上岗前职业健康检查时胸部X线影像学检查发现肺大疱、肺部条索影，肺功能检查正常，直接就给出职业禁忌证结论；或者胸部X线影像检查疑似结核，在尚未明确为活动性肺结核的情况下，就直接给出职业禁忌证结论。这属于随意扩大职业禁忌证范围，实际工作中应避免出现这种情况。

本着为劳动者提供充分就业机会的原则，上岗前职业健康检查也可能有复查的过程，不能仅凭一次医学检查提示职业禁忌证就直接出具职业禁忌证结论。

目前，在上岗前职业健康检查过程中会出现一种比较特殊的情况，即发现所谓的“疑似职业病”，如“疑似尘肺病”或“疑似噪声聋”等。出现这种情况，主检医师在详细了解劳动者既往职业史后，出具疑似职业病的结论，告知劳动者本人并及时通知有关用人单位，同时向所在地卫生健康行政部门报告，并建议劳动者至原工作所在地的职业病诊断机构进一步明确诊断。

以下就上岗前职业健康检查个体报告举例说明，见表3–1。

表3–1　上岗前职业健康检查个体报告例举

举例	异常指标	结论	处理意见	医学建议
例1	无	目前未见异常	无	无
例2	500Hz、1000Hz和2000Hz中任一频率纯音气导听阈 >25dBHL的永久性感音神经性听力损失	噪声作业职业禁忌证	建议不宜从事噪声作业	耳鼻咽喉科诊治
例3	慢性阻塞性肺疾病（FEV_1/FVC小于70%且专科诊断）	粉尘作业职业禁忌证	建议不宜从事粉尘作业	呼吸科诊治
例4	2型糖尿病（未控制，空腹血糖≥7.0mmol/L，餐后2小时血糖≥11.1mmol/L）	高温作业职业禁忌证	建议不宜从事高温作业	内分泌科诊治
例5	白细胞计数低于3.5×10^9/L	苯作业职业禁忌证	建议不宜从事苯作业	血液科诊治
例6	B超：脂肪肝	其他疾患或异常：脂肪肝	定期复查肝脏B超	消化内科诊治

二、在岗期间职业健康检查个体报告

长期从事需要开展健康监护的职业病危害因素作业的劳动者，应进行在岗期间的定期职业健康检查。定期职业健康检查的目的主要是早期发现疑似职业病，及时发现不适应现有作业岗位的劳动者，即所谓的职业禁忌证。通过动态观察劳动者群体健康变化，结合工作场所职业病危害因素监测情况，评价工作场所职业病危害的控制效果，采取进一步干预措施，消除和控制职业病危害。

在岗期间职业健康检查对疑似职业病的判断最为重要，这也是在岗期间职业健康检查的主要目标疾病。在疑似职业病的界定过程中，可能会出现一定的差异性。这与检查方法的客观性、主检医师的能力和质量控制等都有一定关联。如纯音听阈检查（pure tone audiometry，PTA）是一种主观行为反应测听，属于主观测试范畴。不仅需要受检者的配合，还受到测试环境、操作技术、结果判定、受检者的理解能力和测听前的准备工作（如脱离噪声时间不足、耵聍栓塞）等多种因素的影响，其中某一环节出现纰漏，可造成不能客观真实地反映受检者的最小声音听力级的结果，从而影响主检医师结论的准确性。

有部分职业健康检查机构因对职业病诊断标准理解不够或怕承担责任等原因，对已出现健康损害的劳动者作出“复查”或“送有职业病诊断资质的机构申请职业病诊断”的建议，而没有出具“疑似职业病”的检查结论，此类做法容易延误劳动者的及时诊断和治疗，可能引发相关纠纷。《职业健康检查管理办法》（2019 年修正）第十八条规定：“职业健康检查机构发现疑似职业病病人时，应当告知劳动者本人并及时通知用人单位，同时向所在地卫生健康主管部门报告”。因此，并不是职业病诊断机构才有权作出疑似职业病的诊断结论，只要符合疑似职业病的界定标准，职业健康检查机构也应作出疑似职业病的检查结论并履行疑似职业病报告的职责。

在判断是否有目标疾病时，常会遇到复查人数较多的情况，比如高温作业劳动者的高血压、高血糖，噪声作业劳动者的电测听结果异常等。为了便于劳动者复查，建议除了纯音听阈、肺功能等少数特殊检查以外，一些相对简单的检查如空腹血糖、测量血压等可根据情况到就近医疗机构检查，其复查结果由用人单位和劳动者共同确认即可。

以下就在岗期间职业健康检查个体报告举例说明，见表 3–2。

表 3–2　在岗期间职业健康检查个体报告例举

举例	异常指标	结论	处理意见	医学建议
例 1	无	目前未见异常	无	无
例 2	右上肺活动性肺结核	粉尘作业职业禁忌证	建议调离粉尘作业岗位	结核科诊治
例 3	两上肺弥漫性高密度点状影（煤矿采掘工 7 年）	疑似职业性煤工尘肺	建议至用人单位所在地具有职业病诊断资质的医疗机构诊断，脱离粉尘作业岗位	无
例 4	B 超：左肾多发囊肿	其他疾患或异常：左肾多发囊肿	定期复查肾脏 B 超	泌尿专科随访

三、离岗时职业健康检查个体报告

劳动者在准备调离或脱离所从事的职业危害作业或岗位前，应进行离岗时职业健康检查，目的是判断劳动者离岗时的健康状况，即是否为疑似职业病。离岗时职业健康检查的目标疾病为疑似职业病。

离岗时职业健康检查主要是判断劳动者是否存在疑似职业病状态，因此，一些特殊检查的重要性也就不言而喻，如高千伏胸片、纯音听阈检查、肺功能检查等。而这些检查往往存在一定的主观因素，不仅需要受检者的配合，与设备的状态、技术和专业人员的技能等都有一定的关联。这些检查的质量对疑似职业病的判断有很大影响，需要特别重视。

少部分职业病危害因素对人体具有迟发性的损害，如矿物性粉尘导致的尘肺病、金属铍引起的铍病、致癌物引起的职业性肿瘤等，即使离岗时职业健康检查未发现“疑似职业病”，也有可能在脱离暴露后发病，需要定期开展离岗后的医学随访。

下面就离岗时职业健康检查个体报告举例说明，见表 3–3。

表 3-3 离岗时职业健康检查个体报告例举

举例	异常指标	结论	处理意见	医学建议
例 1	无	目前未见异常	无	无
例 2	双耳高频平均听阈≥ 40dB，双耳听阈加权值≥ 26dB（注明具体值）	疑似职业性噪声聋	建议至用人单位所在地具职业病诊断资质的医疗机构诊断	无
例 3	B 超：肝多发性囊肿	其他疾患或异常：肝多发性囊肿	定期复查肝脏 B 超	消化专科随访

以上仅就目前检查种类和结论中出现的一些比较常见的情况加以说明，在实际工作中还会遇到很多具体问题，比如已经做了上岗前职业健康检查的劳动者因为工厂停工实际未操作，6 个月以后工厂开工，是否需要重新做上岗前检查。这就需要对上岗前检查的时效作出规定或对上岗前检查的范围重新定义等。再如原厂扩增产线，原岗位的劳动者已经做过在岗期间职业健康检查，是否需要增加定期检查频率等。总之，职业健康检查的种类与结论是一个复杂而开放的系统，应随着我国职业健康监护的逐步完善和其应用的变化而不断改进。

（宣逸群　陈善豪）

第四节　职业健康检查总结报告

职业健康检查总结报告是职业健康体检机构给委托单位（用人单位）的书面报告，是对本次职业健康检查的全面总结和分析。总结报告应分为体检基本情况描述与分析和个体体检结论名单，也就是一览表，其格式可参考 GBZ 188 的附录 E 职业健康检查总结报告编制指南。

编写规范、完整的职业健康检查总结报告，首先，对用人单位（委托单位）作为职业健康监护的责任主体，其在职业健康监护的档案维护及管理上有重要作用，用人单位需要根据职业健康检查总结报告，发现某些岗位可能存在的职业健康风险，对重点人群、重点岗位加强职业健康管理，及时采取干预措施对职业病危害因素进行控制；其次，对职业健康检查机构而言，统计分析受委托单位的劳动者职业健康状况，对疑似职业病的劳动者进一步处理和发现劳动者对岗位的适应性未达到要求提出建议，并对某些劳动者医学检查虽未达到目标疾病，但某些职业健康相关指标异常者提出合理建议；最后，对分管职业健康的卫生健康行政部门开展职业健康信息监测，制定相关政策具有重要意义。

一、职业健康检查总结报告内容

职业健康检查总结报告主要内容包括：受检单位、职业健康检查种类、委托健康检查人数、实际检查人数、检查时间和地点，健康检查工作的实施情况，发现的疑似职业病、职业禁忌证以及其他疾病或异常的人数和汇总名单、处理建议等。

（一）封面

应至少包括职业健康检查总结报告的名称、报告编号、受检单位的名称，职业健康检查机构的名称、报告时间等。

（二）正文

1. 正文内容

主要包括编制依据、任务来源、检查项目、检查结果、结论及处理意见、签发、附表及附件等内容。

（1）编制依据：主要是依据职业健康检查相关法律法规、技术规范及相应的国家职业病诊断标准。以上相关文件均应最新、已发布且在实施时间内，禁用已经废止或虽然发布但尚未实施的文件。

对于职业健康检查相关法律法规的文件类型，《职业健康检查管理办法》、GBZ 188，一般情况下均应列出。如果涉及放射工作人员进行职业健康检查，GBZ 98 也应列出。

如果受检的用人单位在本次职业健康检查中发现疑似职业病的，职业健康检查机构根据劳动者所接触的职业病危害因素种类或名称在总结报告中应引用相关国家职业病诊断标准。原则上列出的职业病诊断标准要有针对性，能让劳动者、用人单位及时知晓。如接触职业病危害因素粉尘、噪声，即需要列出相应的诊断标准《职业性噪声聋的诊断》（GBZ 49—2014）、《职业性尘肺病的诊断》（GBZ 70—2015）。

（2）任务来源：来源于体检筹备阶段与用人单位签订的委托协议书中的重点内容，如委托协议书编号、委托单位（用人单位）名称、接触（或拟接触的）职业病危害因素种类及名称、职业健康检查的种类、检查的时间和地点、应检人数等内容。有些职业健康检查也可以受政府委托，应注明委托方、资金来源等。

（3）检查项目：主检医师按照 GBZ 188 的要求确定必检项目。由主检医师与用人单位协商确定是否做选检项目或其他体检项目。目前，对于技术规范上没有列出的职业病危害因素是否需要开展、如何开展职业健康检查存在比较大的争议，就国际公认的职业健康监护的基本理论而言，如果没有明确的针对性检查项目，也就是医学检查项目并不能发现目标疾病的，是不需要开展职业健康监护的，也意味着不需要做职业健康体检，但是，因《职业病防治法》第三十五条与第八十五条的内容未能作出司法解释，而监管部门认为凡是接触职业病危害因素的都需要做职业健康检查，导致理论与实践并不相一致。作者认为，出现上述情况时只能按照监管要求，其检查项目确认，可查阅相关资料，根据其靶器官损害特点采用专家共识等来确定检查项目。检查项目的确定原则可依据 GBZ 188 的相关要求。

（4）检查结果、结论及处理意见：包括职业健康检查目标疾病检出情况及处理意见、虽未达到目标疾病但其相关职业健康检查项目异常的处理与建议、非目标疾病异常指标的临床建议。为了使用人单位直观地抓住整个报告的重点内容，建议把各种结论形成构成比。

2. 一览表

个体体检结果、结论及处理意见在此处以一览表的形式列出。表格需要显示的内容应包括但不限于序号、姓名、性别、年龄、工种、部门 / 车间、体检号 / 工号、接害种类、接害工龄、检查种类、异常检查结果、影像号、结论及处理（建议）意见。职业禁忌证人员名单、疑似职业病人员名单以独立表格呈现在一览表前。另外有的用人单位还会把已确诊职业病的人员一起安排体检进行追踪观察，目的是考察其是否可以晋级诊断。这种情况并不合理，患者应去职业病诊断机构随访晋级诊断。

3. 附件

职业健康检查总结报告正文中需要详细表述清楚的内容，建议以附件形式进行说明。

二、总结报告中职业健康检查结果的应用

（一）目前未见异常

职业健康检查目标疾病相关检查指标均在正常范围内，或职业健康检查目标疾病相关检查指标异常经复查后正常。

（二）职业禁忌证

当职业健康检查目标疾病相关检查指标出现异常，并符合 GBZ 188 职业禁忌证要求，应判定为职业禁忌证。职业禁忌证的种类可以是一种也可以是多种。例如，游离二氧化硅粉尘的职业禁忌证就有以下几种：活动性肺结核病、慢性阻塞性肺疾病、慢性间质性肺病、伴肺功能损害的疾病。体检相关检查指标支持上述疾病的诊断，即应判定为职业禁忌证。出具职业禁忌证结论时必须考虑劳动者的就业权，一定要严格掌握，在体检机构不能明确时，可建议劳动者到相关专科就诊，明确诊断。另外，有些职业禁忌证是暂时的，通过治疗康复是可以继续从事原岗位的，这些需在建议中明确说明。

（三）疑似职业病

指现有接触证据或医学证据尚不能确定接触职业病危害因素的劳动者所患疾病是否是职业病，依法应当妥善安排进行职业病诊断的一种暂时的疑似疾病状态。

医疗机构对符合下列任一条件的，可界定为疑似职业病：①依据职业病诊断标准，为明确诊断认为需要进入职业病诊断程序，作进一步医学观察、诊断性治疗或因果关系判定的；②急性职业病危害事件处理时出现的疑似病例；③同一工作环境中已发现确诊的职业病患者，同一时期其他劳动者出现有相似客观表现的疾病；④在同一工作环境中，同时或短期内发生两例或两例以上特异性健康损害表现相同或相似病例，病因不明确，又不能以常见病、传染病、地方病等群体性疾病解释的。

（四）其他疾病或异常

GBZ 188 对“其他疾病或异常”给出的定义是除目标疾病之外的其他疾病或未达到目标疾病的某些检查指标的异常，例如，接触肝毒物的劳动者在职业健康体检中发现慢性阻塞性肺疾病或白细胞数增高或偶发室性早搏等异常，这些疾病或异常结果既不符合“职业禁忌证”，又不是“疑似职业病”，即可判定为“其他疾病或异常”。但是，如果接触游离二氧化硅粉尘的劳动者在职业健康检查时胸部 X 射线摄片发现有所谓的“0+”的影像学表现或接触噪声的劳动者电测听出现双耳高频听损，体检机构的主检医师也应出具“其他疾病或异常”。当然，劳动者可能会质疑这种结果的表述，认为这些早期健康损害是由于接触职业病危害因素引起的，不应称为其他疾患或异常。这也是今后从职业健康监护的目的、健康资料的收集与分析等方面需要进一步思考的问题。现阶段，建议在总结报告中应将虽未达到目标疾病但出现职业健康相关检查异常与其他疾患分别表述和统计汇总。

（五）关于异常检查结果的临床建议的说明

临床建议一般要求用语准确，简单易懂，具有指导性、可操作性强，尽量避免“随诊”“建议进一步检查”字样，可以有较明确的健康建议，如高血压检出者，建议低盐饮食、戒烟限酒、规律服

用降压药物等。对于需要其他检查的劳动者，需指明需要检查的项目或科室。如严重的心律失常患者，可建议其于心内科检查等。

（六）其他

实际工作中，尚会遇到以下情况：用人单位同时做职业健康检查和健康检查，也就是劳动者既做健康检查也做职业健康专项检查，体检机构最终出具两种不同的检查报告，其健康检查报告会对非目标疾病的异常指标进行分析指导。这种情况下，职业健康检查总结报告就不必对非目标疾病或异常指标提出临床建议。

三、职业健康检查总结报告中对不同结论的处理意见

（一）上岗前职业健康检查

（1）接触某职业病危害因素的劳动者，职业健康检查结果异常，符合 GBZ 188 职业禁忌证的判定标准，结论为某职业病危害因素作业的职业禁忌证，处理意见为不宜从事某职业病危害因素作业。

（2）职业健康检查正常或未见明显异常，结论为未检出职业禁忌证，处理意见为可以上岗作业。

（3）其他疾病或异常，分为两种情况，如果所患疾病或检查异常并不会受到准备接触的职业病危害因素的影响的处理意见为可以上岗作业，并建议提出非目标疾病或异常指标的临床建议。另外一种情况是劳动者因为劳动关系变更，在新的就职用人单位中其接触的职业病危害因素或岗位并没有变化，我们许多机构或者用人单位都将其列为上岗前体检，当主检医师发现检查结果与以往职业暴露有关时，应根据是否达到疑似职业病给予结论。如为疑似职业病，应建议劳动者至原工作所在地的职业病诊断机构进一步明确诊断。

（二）在岗期间职业健康检查

（1）职业健康检查结果异常，符合职业病诊断标准的某些条款，目前检查无法确定为职业病，需收集资料或进一步检查，结论为疑似职业病（法定职业病名称），处理意见为脱离（某职业病危害因素）作业，到有职业病诊断备案资质的机构明确诊断。

（2）职业健康检查结果异常，符合职业禁忌证的判定标准，结论为（某职业病危害因素）作业的职业禁忌证，处理意见为脱离接触（某职业病危害因素）作业。

（3）职业健康检查正常或未见明显异常，结论为未检出职业禁忌证或疑似职业病，处理意见为可以继续原岗作业。

（4）其他疾病或异常，处理意见为可以继续原岗作业，建议提出非目标疾病或异常指标的临床建议，如果是职业健康损害的相关指标异常，应在建议中提出干预措施。

（三）离岗时职业健康检查

（1）职业健康检查结果异常，符合职业病诊断标准的某些条款，目前检查无法确定为职业病，需收集资料或进一步检查，结论为疑似职业病（法定职业病名称），处理意见为脱离（某职业病危害因素）作业，到职业病诊断备案的机构明确诊断。

（2）职业健康检查正常或未见明显异常，结论为未检出疑似职业病，处理意见为可以离岗。

（3）其他疾病或异常，处理意见为可以离岗，建议提出异常检查结果的临床建议。

四、职业健康检查总结报告中其他注意事项

受检者与目标疾病有关的检查指标异常需要进行复查或补充检查，复查或补充检查原则上应在总结报告出具前进行，但由于各种原因，一些劳动者往往在规定时间内未完成复查，如在首次检查的 30 个工作日内未完成复查或补充检查，体检机构应先出具职业健康检查总结报告，并注明未完成复查的劳动者无个体结论，告知用人单位此种情况可能的后果，并按照 GBZ 188 的相关要求，劳动者在之后完成复查后，补充这批劳动者的复查结果，报告内容包括复查者姓名、性别、接触有害因素名称、首次检查及复查或补充检查结果、本次体检结论、处理建议等。3 个月内未完成复查或补充检查者应重新进行职业健康检查，实际就是认为该劳动者没进行本年度的职业健康检查。

五、职业健康检查总结报告的编制和审核流程

（1）主检医师分析和汇总各个受检者的个体结论报告，在个体结论报告的基础上编制用人单位的职业健康检查总结报告，对发现的其他疾病或异常、职业禁忌证、疑似职业病的人数汇总，提出相应的处理意见。

（2）主检医师完成职业健康检查总结报告后，提交给审核医师。审核医师负责审核职业健康检查总结报告的职业健康检查结果、结论和处理意见的准确性、规范性，若发现问题应及时告知主检医师修改。

（3）职业健康检查总结报告经审核无误后，打印装订成册。

（4）职业健康检查总结报告应先由报告人、审核人、签发人三级签字，并加盖职业健康检查机构公章。报告人一般为主检医师，审核人一般为职业健康体检科主任担任，签发人则由职业健康检查机构授权并签有授权书。

GBZ 188 给出了总结报告的资料性附录，提出了基本内容，各省可结合辖区内产业结构、监管要求等，制定更为详细的规范细则，便于政府管理部门能更好地掌握职业健康监护资料。现以辽宁省《职业健康检查报告编制规范》（辽宁省地方标准 DB21/T 3461—2021）举例，以供参考，具体如第 49~52 页所示。

职业健康检查报告编制样例

受检单位名称

职业健康检查总结报告

报告编号

职业健康检查机构名称（加盖公章）

年　　月　　日

声明

1. 本着科学、公正和实事求是的原则，对职业健康检查过程及其结果负责，并对职业健康检查相关技术资料保密；

2. 目标疾病之外的其他疾病在本次职业健康检查不予诊断；

3. 本报告涂改、部分复制、无签发人员签字或未加盖公章等均视为无效；

4. 受检单位如对本报告有异议，请于收到报告之日起在约定期限内向本机构提出复核申请，逾期视为无异议；

5. 本报告一式两份，一份由受检单位保管，一份由本机构存档备查。

职业健康检查报告

受 ×× （单位）委托（委托号），依据《职业健康检查管理办法》、《职业健康监护技术规范》（GBZ 188）/《放射工作人员职业健康管理办法》、《放射工作人员健康要求及监护规范》（GBZ 98）及职业病诊断相关标准，于 ×××× 年 ×× 月 ×× 日在（地点）对 ×× 名从事（拟从事）×× 职业病危害因素作业人员进行了 ××（监护种类）的职业健康检查。

一、检查项目

委托协议中具体检查项目。

二、检查结果、结论及处理意见

1. 上岗前职业健康检查结果、结论及处理意见。

2. 在岗期间职业健康检查结果、结论及处理意见。

3. 离岗时职业健康检查结果、结论及处理意见。

职业健康检查情况详见附表 1;

其他疾病或异常情况详见附表 2。

主检医师：（签字）

审核医师：（签字）

签发人员：（签字）

签发日期：　　年　　月　　日

表 3-4　××（单位）职业健康检查情况一览表

序号	姓名	性别	年龄	工种	部门车间	体检号工号	接害种类	接害工龄	检查种类	检查结果结论及处理意见

表 3-5　××（单位）其他疾病或异常情况一览表

序号	姓名	其他疾病或异常	建议

六、职业健康检查总结报告中相关指标释义

1. 职工总人数

职工总人数指用人单位的全部职工人数，包括生产工人和非生产工人，以及各种用工形式的非编制人员。

2. 生产工人数

生产工人数指直接参与生产活动的工人数，不包括生产管理和工程技术人员。

3. 接触有毒有害作业人数

接触有毒有害作业人数指当年用人单位接触各类职业性有害因素的全部职工人数，当年需要和不需要进行职业健康检查的接触职业性有害因素的职工均应包含在内，包括各种用工形式的非编制人员。当一名劳动者在职业活动中，同时接触两种以上职业性有害因素时，则以一种主要职业性有害因素进行统计，统计单位为人。

4. 体检类型

体检类型应填写上岗前、在岗期间、离岗时职业健康检查。上岗前职业健康检查填写实检人（次）数、禁忌证人数、疑似病人数（若有），离岗时职业健康检查填写实检人（次）数和疑似职业病人数。

5. 接触人（次）数

接触人（次）数系指当年进行职业健康检查的接触某种职业性有害因素的接触人数，包括各种用工形式的非正式编制人员。当一名劳动者在职业活动中，同时接触两种以上的职业性有害因素，如同时接触粉尘、化学性有害因素等，并在同年接受了两次以上具有明确目标疾病和特异性、意义确定的体检的，则分别进行统计，该指标统计的是接触人次数。

6. 应检人（次）数

应检人（次）数指本年度内按照《职业健康检查项目及周期》的规定，在接触人数中需要进行职业健康检查的职工人数。

7. 实检人（次）数

实检人（次）数指在应检人（次）数中，实际接受了职业健康检查的人（次）数。

8. 疑似职业病人数

依法承担职业健康检查的医疗机构通过检查发现疑似职业病或可能患有职业病，需要提交职业病诊断机构进一步明确诊断者的人（次）数。

9. 调离人数

调离人数指在当年接受职业健康检查的劳动者中，发现有与所从事职业相关的健康损害而不适宜继续原工作岗位的人数。

10. 禁忌证人数

禁忌证人数指用人单位对接触职业性有害因素的劳动者组织职业健康检查时，确诊为不适宜从事某种有害因素作业的人数。

（常晓峰）

第五节　劳动者职业健康监护评价报告

劳动者职业健康监护评价报告的目的是评估一段时间内用人单位劳动者职业健康状况，通过各类疾病的发病率、检出率或早期相关损害的发现率等，分析存在损害劳动者健康的可能问题，分为个体评估和群体评估。主要方法是依据用人单位委托需要开展评价的某个时间段内，重点收集、分析劳动者职业健康检查结果，同时收集劳动者职业健康监护档案中收集的其他相关资料，如防护设施防护效果、应急救援设施和个人防护用品、健康干预措施等方面资料，对用人单位劳动者的职业健康状况做出整体评价及个体评价，分析劳动者健康损害和职业病危害因素的关系以及导致发生职业病危害的原因，预测劳动者健康损害的发展趋势，提出综合性改进建议。职业健康检查机构可根据受检单位职业健康监护资料的实际情况及用人单位的委托要求，协商决定是否出具劳动者职业健康监护评价报告。通常情况下劳动者职业健康监护评价报告，建议每 3 年 1 次为宜。

一、评价报告前期工作

编制劳动者职业健康监护评价报告的前期工作主要有以下几个方面：

（1）用人单位委托具有职业健康检查资质的医疗机构开展职业健康监护评价工作；

（2）用人单位负责提供单位的基本情况，主要包括用人单位地址、注册类型、行业分类、生产规模、生产工艺、产品、职工总人数、生产工人数、主要职业病危害因素和职业病防治措施，包括可能接触职业病危害因素的工艺流程、主要原辅材料的种类和消耗量、主要设备以及其他有关资料，存在职业病危害的岗位及工种，采取主要防护措施，并阐明个体防护用品使用情况；

（3）用人单位负责提供本单位的职业健康管理制度、历年来工作场所及岗位的职业病危害因素检测报告，职业病危害因素检测报告必须由省级卫生健康行政部门批准的具有相应资质的技术服务机构出具；

（4）用人单位负责提供接触职业病危害因素的劳动者一般资料、历年职业健康检查结果、劳动者的就医情况，以及本单位的职业病和工伤发病情况；

（5）职业健康检查机构可以协助、指导用人单位提供以上资料，用人单位对所提供资料的真实性负责。

二、评价报告编制

劳动者职业健康监护评价报告应客观、公正、全面，语言规范、文字简洁、结论明确、建议可行。劳动者职业健康监护评价报告由以下内容组成。

（一）评价报告说明

1. 评价依据

列出评价过程引用的法律、法规、技术规范、职业病诊断标准、基础技术资料等。

2. 评价范围

根据用人单位提供的总职工人数、接触职业病危害因素种类和接触人数，结合实际开展的职业健康监护情况，以签订的委托合同 / 协议书为基础，编制评价报告。

3. 列出其他需要申明的事项

根据实际情况，列出其他需要申明的事项。

（二）评价报告的主要内容

1. 用人单位基本情况

用人单位基本情况主要包括用人单位地址、注册类型、行业分类、职工总人数、生产工人数；主要职业病危害因素和采取的主要防护措施，职业病危害因素分布情况，列出存在职业病危害的岗位及工种。

2. 劳动者职业健康监护概况

根据用人单位提供的工作场所职业病危害因素种类和接触人数，列出需要开展劳动者职业健康监护人数及职业健康检查的周期、类型及检查项目，每年参加职业健康检查的实检人数，受检概率情况，体检表返回情况等。

3. 疾病检出情况

（1）目标疾病检出情况：介绍主要职业病危害因素及其目标疾病，列出受托评价时间段内体检发现的目标疾病人数、分布、处置意见等。

（2）与职业病危害相关检查项目异常情况：列出与职业病危害相关检查项目异常者人数、岗位分布、检出率。

（3）其他疾病异常检出情况：列出其他项目异常检出情况，反映受检单位职工总体健康状况。

4. 分析与评价

劳动者职业健康监护评价的目的主要是从劳动者身体状况的角度分析用人单位职业健康管理体系的有效性，评价该体系是否能满足作业、作业场所、劳动者职业健康三个管理的闭环运作，真正消除职业病危害的源头。因此，重点是依据受托时间段内劳动者职业健康检查的基本数据及医学检查指标的动态变化，列出相应的统计结果，参考劳动者职业健康档案的其他数据，分析与接触职业病危害因素可能有关的异常指标，汇总异常指标人数，结合历年职业健康异常指标的动态变化，根据劳动者接触职业病危害因素的浓度或强度、职业病危害防护设施、应急救援设施、个人防护用品的情况和历年对受检单位员工健康状况、职业健康异常指标与所接触的职业病危害因素的关系及关联程度，以及职业健康检查异常指标的发生、发展规律及分布情况作评价。

5. 结论和建议

在对职业病危害因素与劳动者健康影响的关系及危害程度做总体评价的基础上，预测健康损害的发展趋势，即所谓的风险评估；归纳用人单位职业病危害程度、防护设施、应急救援设施及个人防护用品的防护效果，指出存在的主要问题并提出相应的改进措施；明确对职业禁忌证、疑似职业病和职业病患者的处置原则；对与职业病危害因素接触无明显关联的急性、重症疾病及时告知进一步诊治，对其他慢性病、多发病提出干预建议。

（常晓峰）

第六节 用人单位职业健康监护评价报告

一、用人单位职业健康监护评价概述

职业健康监护评价是在收集长期相关资料，采用职业流行病学调查法、经验法、风险评估法和统计学分析等多种评估方法，对用人单位实施的职业健康监护措施的有效性、合规性、覆盖范围等

进行分析，进行综合分析与评价，发现该行业中某些职业病危害因素与特定疾病的发生存在显著关联，能够更有效地发现潜在的健康问题，为制订针对性的预防措施提供科学依据。在国际上，这项工作主要归于职业健康服务范畴，所以也是职业健康检查机构的工作之一，开展这项工作目前主要在我国省级职业病防治院、疾控制中心等机构。

编制用人单位职业健康监护评价报告首先要明确其内容范围，用人单位的职业健康监护评价必须是在劳动者职业健康监护评价结果并结合工作场所职业危害监测资料的基础上开展。目的是通过分析劳动者健康损害和职业病危害因素的关系，以及导致发生职业病危害的原因，通过对用人单位劳动者的职业健康状况作出总体评价，以及分析劳动者健康损害的可能原因，对工作场所存在的问题进一步识别、检测，并提出综合控制建议。

二、用人单位职业健康监护评价报告编制

（一）评价报告编制前期工作

1. 签订协议

用人单位委托省级卫生健康行政部门备案的职业病防治院、疾控中心、职业健康检查机构开展职业健康监护评价工作，双方签订职业健康监护评价委托合同或协议书。

2. 组建团队

职业健康检查机构根据委托用人单位基本情况、行业分类、企业规模、工艺流程、职业病危害因素种类及健康危害特征等情况，确定评价团队人员及专业结构。

3. 收集资料

职业卫生技术服务机构根据评价委托工作需要协助、指导用人单位提供以下相关资料，用人单位应对所提供的资料的真实性负责。

（1）用人单位概况：包括单位名称、经济类型、行业分类、建成（投产）时间、单位地址、通信方式、法人代表、分管负责人、现在岗职工总数、男女职工人数、产品种类、职业性有害因素的分布、接触有害因素的人数、职业卫生管理状况、职业卫生组织人员网络概况等。

（2）主要产品和工艺流程：包括生产工艺流程图、有害因素分布图、原材料清单，技术、工艺清单，产品类型以及劳动者的操作方式和接触职业危害的机会等。

（3）防护设备、设施及其使用、维修情况：针对职业性有害因素所采用的建筑设计和职业卫生防护设施，如通风、除尘、排毒系统，噪声、高温及其他物理因素的防护，个人防护用品的种类和数量，以及防护设备的使用、维修等情况。

（4）职业性有害因素岗位分布：包括有毒有害物质清单、作业岗位清单、劳动者名册（含临时工、外包人员）、接害工龄、总工龄、接触职业性有害因素人员名册。

（5）历年职业病危害因素检测报告及职业健康监护资料：用人单位历年来工作场所职业病危害因素定期检测报告，职业病防护设施和个人防护用品使用情况、历年来用人单位开展劳动者职业健康监护评价报告，劳动者职业健康检查记录，职业病、职业有关疾病和工伤的发生频率和分布情况，职业病人员名单，疑似职业病人员名单，职业禁忌证人员名单等。

（二）用人单位职业健康监护评价报告编制及内容

1. 总论

参考 GBZ 188 资料性附录“职业健康监护评价报告编制指南”要求，用人单位职业健康监护评

价报告应包括项目背景、评价依据、评价目的、评价范围、评价方法、质量控制等内容。

2. 评价内容

（1）职业健康监护基本情况：①列出各工作岗位存在的各种职业病危害因素及相应接触人数；②劳动者职业健康监护评价结果或历年职业健康检查情况，包括职业健康检查人数、检查项目和受检率；③历年检出患疑似职业病、职业禁忌证人员和确诊职业病患者情况；④职业健康监护管理的基本情况：检查周期合规性、个人健康监护资料的完整性、保存期限（≥ 15 年）。

（2）职业健康损害人群：①列表汇总各种异常指标人员的数量、比例，以及岗位的分布；②综合分析各种异常指标，结合历年职业健康监护资料，筛选出可能与接触职业病危害因素相关的异常指标，列出疑似职业病人员名单；③疑似职业病人员个案调查，核实相关资料；④其他相关健康资料的分析，分析与异常指标可能存在相关的其他健康资料，包括住院和门诊病历资料。

（3）工作场所职业病危害因素与防护措施：①职业健康损害人员所在岗位，接触的职业病危害因素、接触浓度或强度，以及接触时间；②工作场所（岗位）职业病危害防护设施的设置、运行、维护等情况，及其防护效果；③岗位配备的个人防护用品的种类、型号；作业人员在工作中正确佩戴个人防护用品情况；结合工作场所接触的职业病危害因素的浓度或强度，分析各种个人防护用品的有效防护效果。

（4）职业卫生管理调查分析：①调查职业健康监护制度及执行情况；②调查职业病危害及告知培训情况；③调查职业健康监护档案及档案管理情况；④调查职业禁忌证、疑似职业病和职业病患者的处置情况。

（5）职业健康损害与职业接触相关性：①分析个体检出的异常指标与接触的职业病危害因素是否存在关联性；②用图表法描绘接触职业病危害因素与各种相关异常指标的散点图，加以分析；③采用回归与相关的统计分析方法分析职业病危害因素接触浓度或强度的动态变化与异常指标（发生率和异常程度）变量间的关系，分析相关系数；④疑似职业病人员的临床复查和职业病诊断结果，列出历年某病患病率。

（6）职业健康危害程度分析与评价：①分析与评价与接触职业病危害因素密切相关的主要的异常指标，并以曲线图表示其变化趋势；②结合工作场所职业病危害因素检测报告和现场职业卫生学调查结果，分析导致健康损害的主要原因，进行职业健康风险评估；③分析与评估健康损害造成的直接和间接经济损失。

3. 结论

根据作业人员接触职业病危害因素的浓度或强度、职业病危害防护设施、个人防护用品的情况和历年职业健康检查结果，综合分析职业健康异常指标与所接触的职业病危害因素的关联性及相关程度，及其发生、发展规律，以及接触 – 反应（效应）关系的总体评价结论。

4. 建议

在对职业病危害因素与劳动者健康影响的关系及危害程度总体评价的基础上，明确指出用人单位存在的主要问题以及原因，提出具体干预措施建议，包括改善工作场所条件，改革生产工艺，采用有效的防护设施和个人防护用品，以及职业病患者及疑似职业病和职业禁忌证人员处置等方面有针对性的建议；对与职业病危害因素接触无明显关联的急性、重症疾病及时告知并进一步诊治，对其他慢性病、多发病提出干预建议。

（张恒东）

第七节　职业健康检查结果信息报告

职业健康检查机构应通过国家职业病及健康危害因素监测信息系统，将用人单位委托的劳动者职业健康检查结果和行政部门指定的包括职业病主动监测在内的职业健康检查结果进行网络直报，中国疾病预防控制中心对上报的职业健康检查信息数据进行汇总分析、评估、解释和发布，最终为国家职业病防治法律、法规、标准和政策的制修订提供科学依据。职业健康检查结果信息是当前我国职业病监测及重点职业病监测的重要内容之一。

一、职业健康检查结果信息报告的依据

《职业病防治法》（2018 年修正）第五十条规定“用人单位和医疗卫生机构发现职业病病人或者疑似职业病病人时，应当及时向所在地卫生行政部门报告”，该法第七十四条明确了未按照要求进行报告所受到的责罚。

《职业健康检查管理办法》（2019 年修正）对职业健康检查机构开展职业健康检查的各环节进行了管理规定，其中涉及信息报告和监测的内容包括：第七条第（二）项、第（三）项、第（四）项规定了职业健康检查机构报告疑似职业病、职业健康检查信息和职业健康检查工作情况的职责；第十八条规定“职业健康检查机构发现疑似职业病病人时，应当告知劳动者本人并及时通知用人单位，同时向所在地卫生健康主管部门报告。发现职业禁忌证的，应当及时告知用人单位和劳动者”，该条目明确了职业健康检查机构在发现疑似职业病时的报告和告知义务。

二、职业健康检查信息报告的内容

职业健康检查信息的报告内容和方式由《全国职业健康统计调查制度》明确，该制度由国家统计局批准后统一发布。制度中的信息报告卡每 2~3 年修订一次，目前实施的《全国职业健康统计调查制度》（国卫规划函〔2025〕40 号）是由国家卫生健康委于 2025 年 2 月印发。职业健康检查机构需按照《全国职业健康统计调查制度》中的《职业健康检查档案卡》（卫健统 42 表）（图 3-1）、《疑似职业病报告卡》（卫健统 43 表）（图 3-2）和《职业性有害因素监测管理报告卡》（卫健统 49 表）进行填写，主要包括劳动者信息、用人 / 用工单位信息、职业健康检查信息、疑似职业病信息、职业性有害因素监测信息等。以下主要介绍《职业健康检查档案卡》《疑似职业病报告卡》相关内容。

《职业健康检查档案卡》中的数据信息是重点职业病常规监测的主要内容，核心变量包括劳动者基本信息、用人 / 用工单位信息、职业健康检查的体检类型、体检日期、接触的职业性有害因素、体检的职业性有害因素、开始接害日期、实际接害工龄、统计工种、监测种类、症状问询结果、检查项目名称、检查指标名称、检查结果类型、检查结果、计量单位及参考值范围、体检结论、检查单位信息等。

《疑似职业病报告卡》主要核心变量包括劳动者基本信息、用人 / 用工单位信息、统计工种、接触的职业性有害因素、开始接害日期、实际接害工龄、疑似职业病种类、疑似职业病名称、发现日期和信息来源。

职业健康检查档案卡

20____年

表　　号：卫健统 42 表
制定机关：国家卫生健康委
批准机关：国家统计局
批准文号：国统制〔2025〕53 号
有效期至：2028 年 2 月

报告卡编码　□□□□□□□□□□□□□□□□□□□□□□□□□□□□□□□

一、劳动者基本情况

姓名：	性别：1 男□　2 女□	出生日期：　年　月　日
证件类型：	证件号码：	联系电话：

用人单位基本信息		
用人单位基本信息	用人单位所在地	省（自治区、直辖市）　　地、市　　县　　乡镇
	名称	统一社会信用代码□□□□□□□□□□□□□□□□□□
	通信地址	邮编
	联系人	联系电话
	企业类型	行业类别
	企业规模　1 大型□　2 中型□　3 小型□　4 微型□　5 不详□	

二、职业健康检查情况

体检类型　岗前□　在岗□　离岗时□　离岗后□　应急□	体检日期　　年　　月　　日
接触的职业性有害因素	体检的职业性有害因素
开始接害日期　　年　　月　　日	实际接害工龄　　年　　月　　日
统计工种	

体检结论			
职业性有害因素名称	体检结论	疑似职业病 / 职业禁忌证 / 其他疾病或异常	监测种类

症状问询					
检查项目名称	检查指标名称	检查结果类型	检查结果	计量单位及参考值范围	是否异常

检查单位（盖章）：________　　单位负责人：________　　填表人：________
填表人联系电话：________　　填表日期：______年______月______日

填报说明：1. 由职业健康检查机构填写。
2. 职业健康检查机构在出具职业健康检查报告后 15 日内上报该卡。
3. 体检结论部分根据《职业健康监护技术规范》（GBZ 188）要求，针对本次进行体检的职业性有害因素分别填写体检结论和监测种类。当体检结论为疑似职业病 / 职业禁忌证 / 其他疾病或异常时，需在“疑似职业病 / 职业禁忌证 / 其他疾病或异常”一列填写具体疑似职业病 / 职业禁忌证 / 其他疾病或异常的名称。
4. 监测种类分为常规监测、主动监测和其他。
5. 检查结果类型分为数值型、字符型、枚举型。对于检查结果为数值型的检查指标，检查结果应按数值型填写，不应填写字符型或枚举型。
6. 同年度 4 月、7 月、10 月和下一年度 1 月 10 日之前完成上一个季度数据的汇总统计分析。

图 3-1　《职业健康检查档案卡》

疑似职业病报告卡

20____年

表　　号：卫健统 43 表
制定机关：国家卫生健康委
批准机关：国家统计局
批准文号：国统制〔2025〕53 号
有效期至：2028 年 2 月

报告卡编码 □□□□□□□□□□□□□□□□□□□□□□□□□□□□□□□□□□□□

<table>
<tr><td colspan="3">姓名：　　　　　　　　性别：1 男□　2 女□　　　　　　出生日期：　年　月　日
证件类型：　　　　　　证件号码：　　　　　　　　　　　联系电话：</td></tr>
<tr><td rowspan="6">用人单位基本信息</td><td colspan="2">用人单位所在地　　　　省（自治区、直辖市）　　地、市　　县　　乡镇</td></tr>
<tr><td colspan="2">名称　　　　　　　　统一社会信用代码□□□□□□□□□□□□□□□□□□</td></tr>
<tr><td colspan="2">通信地址　　　　　　　　邮编</td></tr>
<tr><td colspan="2">联系人　　　　　　　　　联系电话</td></tr>
<tr><td colspan="2">企业类型　　　　　　　　　　行业类别</td></tr>
<tr><td colspan="2">企业规模　1 大型□　2 中型□　3 小型□　4 微型□　5 不详□</td></tr>
<tr><td colspan="2">统计工种</td><td>接触的职业性有害因素</td></tr>
<tr><td colspan="2">开始接害日期　　年　　月　　日</td><td>实际接害日期　　年　　月　　日</td></tr>
<tr><td colspan="2">疑似职业病种类</td><td>疑似职业病名称</td></tr>
<tr><td colspan="2">发现日期　　年　　月　　日</td><td>信息来源：
职业健康检查□　职业病诊断□　门诊治疗□
住院治疗□　职业病事故□　其他：________</td></tr>
</table>

报告单位（盖章）：________　　　　单位负责人：________
填表人：________　　　　填表人联系电话：________　　　　填表日期：______年______月______日

填报说明：1. 职业健康检查机构在职业健康检查中发现的健康损害，怀疑为职业病需提交职业病诊断机构进一步确诊的，在出具职业健康检查报告后 15 日内报告此卡。
2. 职业病诊断机构在职业病诊断过程中，无法明确职业病诊断，又无法排除与职业接触有关的，在 15 日内报告此卡。
3. 医疗卫生机构在门诊或住院诊疗过程中，发现的健康损害可能与职业接触有关，并排除其他原因的，在 15 日内报告此卡。
4. 在职业病危害事故中，劳动者短时间接触大量职业性有害因素，导致急性健康损害的，由救治的医疗卫生机构在 24 小时内报告此卡。
5. 同年度 4 月、7 月、10 月和下一年度 1 月 10 日之前完成上一个季度数据的汇总统计分析。

图 3-2 《疑似职业病报告卡》

三、职业健康检查信息报送方式

信息报送方式以省统筹区域全民健康保障信息化平台为依托，以数据交换为根本，国家职业病及健康危害因素监测信息系统网络填报进行托底保障。

对于已建设省统筹全民健康保障信息化平台或省级职业病防治信息平台的省份，辖区内的职业健康检查机构，如已建设职业健康检查信息系统的机构，可在进行适配性改造后，与省级平台进行数据交换；尚未建设职业健康检查信息系统的机构，在省级平台直接进行手工录入、报告。省级平台经适配性改造后，与国家职业病及健康危害因素监测信息系统每日进行数据交换。职业健康检查机构与省级平台的数据交换按各省级职业病监测业务管理机构的要求执行。省级平台与国家职业病及健康危害因素监测信息系统交换管理程序要求按照《中国疾病预防控制中心关于加强职业病及健康危害因素监测信息数据交换工作的通知》（中疾控信息便〔2020〕877 号）执行，具体数据交换技术要求按照《职业病及健康危害因素监测信息系统数据交换文档规范》（在中国疾病预防控制信息系统的数据交换平台下载最新版本）执行。目前省级平台与国家职业病及健康危害因素监测信息系统进行数据交换的报告卡包括《职业健康检查档案卡》和《职业性有害因素监测管理报告卡》。

暂不具备信息化条件的省份，辖区内各职业健康检查机构通过国家级平台以网络直报方式手工录入、报告各类报告卡。

四、数据报送要求

已具备职业健康检查信息系统的机构，《职业健康检查档案卡》和《职业性有害因素监测管理报告卡》中的数据信息通过职业健康检查信息系统交换至省级平台。如职业健康检查中发现疑似职业病，《疑似职业病报告卡》的数据信息由专人在国家职业病及健康危害因素监测信息系统进行报告，省级职业病监测业务管理机构有额外要求的，按省级要求执行。如委托开展职业健康检查的用人单位已在一个周期内开展职业病危害因素检测，职业健康检查机构还需由专人录入《职业性有害因素监测管理报告卡》中的用人单位职业病危害因素定期检测结果信息。

按照《全国职业健康统计调查制度》的要求，职业健康检查机构出具职业健康检查个体报告、发现疑似职业病、出具职业健康检查汇总报告后 15 日之内分别报告《职业健康检查档案卡》《疑似职业病报告卡》和《职业性有害因素监测管理报告卡》。通过省统筹区域全民健康保障信息化平台或省级职业病防治信息平台进行数据交换的，以数据交换到国家职业病及健康危害因素监测信息系统的时间或手工填报在 15 日内为及时。

五、数据审核与质控

（一）数据审核

职业健康检查机构上报的所有数据均需经过县级、市级、省级三级审核。对于通过省统筹全民健康保障信息化平台或省级职业病防治信息平台交换的数据，均要求已在省平台完成三级审核方可交换。审核机构应于 3 个工作日内完成对新增信息的审核，对审核不合格的信息，于 1 个工作日内通过国家职业病及健康危害因素监测信息系统或其他方式反馈信息采集责任单位和下级信息审核责任单位。省级疾病预防控制中心或职业病防治院（所）应在 1 月 10 日、4 月 10 日、7 月 10 日、10 月 10 日前组织完成本行政区域内上一季度全部报告信息的审核、反馈及修订工作。

（二）数据修订

信息采集责任单位应于审核反馈后3个工作日内修订不合格信息。针对用人单位信息，报告用户可修改、删除（用人单位卡未被引用）本机构添加的、审核状态为区县待审核和审核未通过的用人单位信息卡；用工单位所在地的区县和市级本级用户可修改、删除（用人单位卡未被引用）本辖区内的审核未通过的用人单位信息卡；用工单位所在地的省级本级用户可修改本辖区内任何状态的用人单位信息卡。

《职业健康检查档案卡》《疑似职业病报告卡》《职业性有害因素监测管理报告卡》中劳动者基本信息不支持修订，如发现劳动者基本信息有误，可直接由修改单位新增正确的劳动者信息，重新引用正确的劳动者信息即可。

针对《职业健康检查档案卡》《疑似职业病报告卡》《职业性有害因素监测管理报告卡》中其他信息，报告用户可修改、删除本机构添加的，审核状态为“待上报”（仅限《职业健康检查档案卡》）、区县待审核及各级审核未通过的数据；用工单位所在地的省级管理用户可修改、删除本辖区内的，审核状态非“待上报”（仅限《职业健康检查档案卡》）和非“国家审核通过”的数据。

（三）数据补报

在规定时间内未进行数据交换或未进行报告的信息应在发现情况后3个工作日内由原报告单位补报。

六、主要指标解释

（一）《职业健康检查档案卡》

1. 用人、用工单位信息

用人单位所在地：指劳动者所属用人单位的地理位置所在省（自治区/直辖市）、地（区/市/州/盟）、县（区/市/旗）、所属街道（乡镇）。若注册地与实际地理位置不同，以实际地理位置为准。

用人单位名称：劳动者所属单位经有关部门批准正式使用的全称。如果是无独立法人的分单位，用人单位名称直接使用用人单位分单位的名称。填写时使用规范化汉字填写，并与单位公章所使用的名称一致。

统一社会信用代码：用人单位统一社会信用代码可在“全国组织机构统一社会信用代码数据服务中心”（https：//www.cods.org.cn）查询。

企业类型：企业或企业产业活动单位的登记注册类型，按照国家统计局、原国家工商行政管理总局《关于划分企业登记注册类型的规定调整的通知》（国统字〔2011〕86号）规定填写。机关、事业单位和社会团体及其他组织的企业类型无须填写。

行业类别：根据国家统计局《国民经济行业分类》（GB/T 4754—2017），填写相应行业小类的四位码。

企业规模：按照《国家统计局〈关于印发统计上大中小微型企业划分办法（2017）〉的通知》（国统字〔2017〕213号）规定填写，分为大型、中型、小型和微型。机关、事业单位和社会团体及其他组织的企业规模无须填写。

用工单位信息：包括用工单位名称、所在地、统一社会信用代码、二级单位代码、企业类型、行业类别、企业规模等变量。当劳动者所属用人单位的行业类别为人力资源服务（726）时，应填写劳动者实际工作的用工单位信息，此时用工单位信息和用人单位信息应不相同。

2. 劳动者信息

身份证件类型：编码按照《卫生信息数据元值域代码》（WS364.3）CV02.01.101 身份证件类别代码表设置，分为："1. 居民身份证，2. 居民户口簿，3. 护照，4. 军官证，5. 驾驶证，6. 港澳居民来往内地通行证，7. 台湾居民来往大陆通行证，9. 其他法定有效证件"。当劳动者持有一种以上有效身份证件时，首选身份证。

证件号码：填写劳动者身份证件上的号码。当劳动者持有一种以上有效身份证件时，首选身份证。

3. 个人生活史

目前吸烟情况：选择劳动者参加职业健康检查时的吸烟情况，包括："1. 是，2. 过去吸，3. 否"。吸烟是指每天吸烟不少于 1 支、连续 3 个月以上者，但在这期间由于特殊原因有几天没有吸烟，这种情况仍视为吸烟。吸烟史：填写劳动者累计吸烟的年、月数，对于目前已戒烟的情况，仍需询问填写吸烟史。平均每天吸烟量：填写劳动者吸烟时每天吸烟的支数。

4. 职业史

接触的危害因素：选择劳动者在作业场所接触的职业病危害因素，可多选。职业病危害因素代码综合《职业病危害因素分类目录》、GBZ 2.1、GBZ 188 设置选项。

体检的危害因素：选择劳动者在报告当年接触的危害因素中针对何种职业病危害因素进行了职业健康检查，可多选。当劳动者体检的危害因素中包含多个致肺纤维化的粉尘时，只能选择一种最主要粉尘填报。

开始接害日期：应按"体检的危害因素"分别填写劳动者首次接触某种职业病危害因素的公元纪年日期，不局限于现在所在的单位。对于岗前职业健康检查，不需要填写此变量。

专业工龄：应按"体检的危害因素"分别列出劳动者开始接触某种职业病危害因素到参加职业健康检查时，实际接触时间的累积的年、月数。对于岗前职业健康检查，不需要填写此变量。

工种：从工种代码表中选择劳动者从事的主要接害工种，如劳动者从事过多种工种，则应考虑所接触职业性有害因素性质、接触时间和浓度等因素，选择其主要者填报。

防护用品佩戴情况：选择劳动者工作时的佩戴防护用品的情况，分为："1. 无佩戴，2. 偶尔佩戴，3. 基本佩戴，4. 经常佩戴"，仅进行职业病主动监测时填写。

5. 职业健康检查信息

体检类型：根据 GBZ 188，选择岗前、在岗、离岗时、离岗后或应急职业健康检查。

体检日期：劳动者参加职业健康检查的公元纪年日期。

症状问询：系统按 GBZ 188 中列出的各种症状，并默认为阴性，若劳动者有异常的症状，在相应症状栏里描述具体情况。

健康检查结果：根据 GBZ 188 中不同职业病危害因素检查项目的要求填报不同项目的相应健康检查结果，报告一般检查、内科检查、专项检查等内容。对于必检项目要求必须填报，选检项目可按需填报，即填报支持职业健康检查结论的相关异常检查项目。

填报各项职业健康检查结果时应注意：一般检查项目中应填写血压值、身高（cm）、体重（kg）、心率（次 / 分钟）；肺功能检查应填报用力肺活量（FVC）、第一秒时间肺活量（FEV_1）和 FEV_1/FVC 的值，单位为 %，其中 FVC 和 FEV_1 为实测值与预测值的比，而 FEV_1/FVC 则为实测值的比；接触噪声劳动者的纯音气导（骨导）听阈测试检查应填报双耳 500Hz、1000Hz、2000Hz、3000Hz、

4000Hz、6000Hz经年龄、性别修正后的听阈值；血常规检查必须填写白细胞计数、红细胞计数、血小板计数、血红蛋白含量4项指标；尿常规检查必须填写尿比重、尿白细胞、尿蛋白、尿潜血4项指标。对于弃检（缺失）的项目，数值型变量结果以999代替，文本型变量按实际情况填写结果；对于下列生物样品检测结果为未检出时，结果前增加“符号”变量，默认为“=”，对于上述情况，符号变量应填写“<”，检测结果填写“定量限”，如血中铅、镉、镍、砷、溴、甲醇、甲酸，尿中铅、汞、砷、镉、锰、铬、铍、铊、氟、反－反式粘糠酸、酚、2,5－己二酮、β_2－微球蛋白、α_1－微球蛋白、镍、锡、溴、甲醇、甲酸盐、三氯乙酸、五氯酚、发砷的测定结果的填写。

体检结论：针对不同的“体检的职业病危害因素”，按照GBZ 188中的体检结论进行选择，分为目前未见异常、复查、疑似职业病、职业禁忌证、其他疾病或异常，当体检结论选择疑似职业病、职业禁忌证时，需选择疑似职业病、职业禁忌证的相应名称，当体检结论为其他疾病或异常时，需填写其他疾病或异常的对应病名。当岗前体检结论为疑似职业病时，应填写接触相应职业病危害因素的用人单位名称。

6. 机构信息

报告出具日期：填写职业健康检查机构出具职业健康检查个体报告的公元纪年日期。

检查单位：指对劳动者实施职业健康检查的单位名称。

单位负责人：指对劳动者实施职业健康检查单位的法人姓名。

填表人：指填写报告卡的人员姓名。

填表人联系电话：指填写报告卡的人员的联系电话。

（二）《疑似职业病报告卡》

1. 用人、用工单位信息

同《职业健康档案卡》中用人、用工单位信息的填报。

2. 劳动者信息

同《职业健康档案卡》中劳动者信息的填报。

3. 职业史

统计工种：从工种代码表中选择劳动者从事的主要接害工种，如劳动者从事过多种工种，则应考虑所接触职业病危害因素性质、接触时间和浓度等因素，选择其主要者填报。工种代码表详见最新的《职业病及健康危害因素监测信息系统数据交换文档规范》。

接触的职业性有害因素：选择劳动者在作业场所接触的职业病危害因素，可多选。详细的职业性有害因素代码表详见最新的《职业病及健康危害因素监测信息系统数据交换文档规范》。

开始接害日期：指劳动者首次接触某种导致疑似职业病的职业病危害因素的公元纪年日期，不局限于现在所在的单位。如经过核实确实无法弄清具体日期，开始接害日期“月”可填6月（06），“日”可填15日代替。

实际接害工龄：指劳动者首次接触某种导致疑似职业病的职业病危害因素到确诊为疑似职业病时，实际接触时间的累积的年、月、日数。

4. 诊断信息

疑似职业病种类：选择劳动者可能罹患的职业病种类，参照《关于印发〈职业病分类和目录〉的通知》（国卫职健发〔2024〕39号）中所附的《职业病分类和目录》设置。

疑似职业病名称：选择劳动者可能罹患的职业病名称。病名参照《关于印发〈职业病分类和目录〉的通知》（国卫职健发〔2024〕39号）中所附的《职业病分类和目录》设置。

发现日期：发现疑似职业病病例的公元纪年日期。

信息来源，选择疑似病例的来源，分为："1. 职业健康检查，2. 职业病诊断，3. 门诊治疗，4. 住院治疗，5. 职业病事故，6. 其他"。选择"6. 其他"时，要填写具体的信息来源。

5. 机构信息

报告单位：指发现疑似职业病的单位名称。

单位负责人：指发现疑似职业病的单位法人的姓名。

填表人：指填写报告卡的人员的姓名。

填表人联系电话：指填写报告卡的人员的联系电话。

填表日期：发现疑似职业病的单位填写疑似职业病报告卡的公元纪年日期。

（胡伟江　王　丹）

第八节　职业健康检查及生物监测与职业接触水平关联程度评估

将劳动者职业健康监护结果与职业危害监测联合应用才能真正达到职业健康监测的目的。职业健康监护本身不能防止工伤和职业病的发生，不能独立解决工作场所职业危害的控制问题，但它是贯彻预防行动的一种手段，对指导工作场所职业危害的预防和控制行动是非常有效的。

一、劳动者接触职业病危害因素评估

目前，我国开展的职业病危害因素接触水平评估方法理论上要求通过职业卫生学调查、作业环境监测、比对法、估算法等，对劳动者接触职业性有害因素进行定性和定量的评价。其主要目的是评估社会总体人群或特定岗位的人群（如接触某化学物的职业人群）接触该有害因素的程度或可能程度，为危险度评定提供可靠的接触数据和接触情况。

（一）评估的内容与方法

1. 接触人群的特征分析

接触人群的特征分析包括人群数量、性别、年龄分布等，这些信息有助于了解不同人群对职业病危害因素的易感性。

2. 接触途径和方式

了解职业病危害因素是如何被工作人员接触的，例如，是通过吸入、皮肤接触还是其他方式。

3. 接触水平评估

直接测量或估算工作人员实际接触的职业病危害因素的浓度、容积、时间等，以及这些因素对工作人员健康的具体影响。除了通过作业环境监测（外暴露）和生物监测（内暴露）的资料来估算接触水平，还应注意其他方式的接触，如食物、饮水及生活环境等。接触评定的主要作用是为评价接触 – 反应（效应）关系及危险度分析提供依据。

劳动者在工作场所接触职业病危害因素以及吸收途径实际上是非常复杂的，要认真做好对工作场所职业卫生评价工作，除了检测工作场所外暴露水平，还必须依赖对劳动者内暴露水平检测及职业健康检查结果，通过相互之间的验证和比对，才能提出改善工作条件和工作环境的措施和建议，

真正有助于用人单位采取相应的源头预防措施，减少职业病的发生，保护劳动者身心健康和工作场所的健康。

（二）暴露水平评估

1. 外暴露水平

工作场所化学毒物的吸入途径以呼吸道为主，目前测定工作场所空气中毒物的浓度（外剂量）多采用收集作业人员呼吸带空气的方式，简单易行，可初步反映接触水平。但这种测定未考虑皮肤污染及毒物吸收率等因素的影响，仅能反映呼吸道吸入的剂量。

在生产环境中，毒物浓度常常波动较大，劳动者接触毒物方式又往往是多种多样的；从时间来说，可能是连续的，也可能是间断的；劳动者接触时是否使用个人防护用品等差别，均能影响环境监测的准确性。还有，若该毒物能经皮侵入，使用防护手套可防止侵入，但使用不当时，还可能增加吸收。又如在生产环境中，所接触的毒物往往是混合物，在这种情况下，环境监测就很难正确反映其接触程度。

2. 内暴露水平

测定毒物实际被机体组织吸收的量（内剂量），更能准确地反映接触水平。事实上真正对机体发生作用的应当是靶组织、靶器官、靶细胞或靶作用部位毒物和（或）其代谢产物的浓度（生物效应剂量）。生物监测可反映不同途径（呼吸道、消化道和皮肤）和不同来源（职业和非职业接触）总的接触量和总负荷，特别是对那些能经皮肤吸收的毒物，生物监测就比环境监测更显优越和重要。

因此，接触评定时，除了环境监测，还需进行生物监测（测定内剂量或生物效应剂量）。在生物效应剂量的作用下，机体出现早期生物学效应，进一步发展可实现功能或结构的改变，甚至引起职业性病损。但能够特异性反映职业健康损害或职业禁忌证的生物标志物并不多，GBZ 2.1—2019 中发布的职业接触生物限值标准仅有 28 项。

（1）内暴露水平的个体评价：指将所得的结果与生物接触限值或合适的参考值进行比较。必须注意，由于个体对化学物质的易感性不同，即使生物监测结果低于生物接触限值，也不能保证所有个体均没有健康损害效应发生。某些情况下，考虑到接触个体之间的变异性，可将其接触数据与该个体前期接触数据相比较。

（2）内暴露水平的群体评价：生物监测结果可以在群体基础上进行比较，即通过群组数据的统计分析做出评价。对属于正态分布的数据，应给出平均值、标准差和范围。如为对数正态分布，应给出几何均值、几何标准差和范围或中位数、90% 和 10% 位数和范围。对不属于正态分布（包括几何正态分布）者可给出中位数、90% 和 10% 位数和范围。

如果所有人的测得值都在生物接触限值以下，可以认为工作环境是符合职业卫生要求的。如果绝大部分人或全部测得值都高于生物接触限值，说明总的接触环境不符合职业卫生要求，必须进行综合治理。如果大部分人的测得值都在生物接触限值以下，而少数人测得值远高于生物接触限值，可能有两种情况：一种是这少数人的工作岗位，暴露了较高浓度水平的污染物；另外一种是如果所有人的环境暴露水平相似，少数人生物监测结果偏高，可能是不卫生的生活习惯、不注意个体劳动保护或非职业接触因素和个体的遗传易感性所致。

二、职业健康的评估

劳动者职业健康监护侧重预防、侧重群体、侧重职业环境。所谓侧重预防，指劳动者职业健康监护重在发现健康损害，而不是治疗；侧重群体，指劳动者职业健康监护重在群体监护而不是个体监护，只有通过群体监护才能对职业病危害因素进行卫生学评价；侧重环境，指重在治理有害作业环境，消除职业危害病因。

劳动者职业健康状况结合作业场所对职业病危害因素检测资料应及时加以整理、分析、评价并反馈，使之成为开展和做好职业健康管理工作的科学依据。其目的包括评价工作场所控制措施的效果，预防劳动者健康的进一步恶化，强化工作安全措施和维护健康措施，评价对某一特殊工作的适应性（这里关心的是工作场所对劳动者的适应性）等。

评估方法主要是应用“三间分布”的基本原理，通过职业流行病学调查、工业毒理学研究，必要时可以开展相关基础研究，评估劳动者任何健康损害与接触工作场所职业危害之间的相关性。

评估对象分为个体评价和群体评价。个体评价主要反映个体累积接触量及其对健康的影响，为发现目标疾病并提出针对性的处理措施提供依据。群体评价包括作业环境中有害因素的浓度或强度范围、接触水平与机体的健康效应等，通过比较某一时间点不同职业人群的异常发生率和工作环境暴露情况的数据（横断面研究）、比较职业健康监护异常人群和正常人群的工作环境暴露差异情况（病例对照研究）、比较采取不同的工作场所防护措施前后职业健康检查异常检出率（队列研究）来分析工作环境因素与职业健康损害之间的相关性。

总之，结合工作环境监测和职业流行病学资料的分析，可以监视职业病及职业健康相关损害在人群中的发生、发展规律，以及疾病的发病率在不同行业、不同地区、不同用人单位之间随时间的变化，为明确整体职业病危害情况、劳动者健康损害与工作场所职业病危害种类及浓度（强度）的关系，进而为协助用人单位明确职业病防治重点、开展工作场所职业病危害目标干预提供依据，达到一级预防的目的。

在分析和评价时，涉及的常用于反映职业性危害情况的指标有发病率（检出率、受检率）、患病率、疾病构成比、平均发病工龄、平均病程期限、病死率、病伤缺勤率等。

对于一些作用比较明确的职业性有害因素，可利用某项主要指标进行动态观察和分析。如苯作业劳动者健康监护可用白细胞计数作为指标，将逐年检查结果登记于记录表或以曲线图标明，一旦发现白细胞计数降低到正常值下限，即应查明原因，并作为重点监护对象，缩短定期检查间隔期，密切观察；若再继续下降，则应立即脱离接触，给予早期治疗。运用这种分析方法可以控制慢性职业病，但对于作用尚不清楚、没有很明确个体分析方法的有害因素，则应改用流行病学方法进行分析，探索职业接触与劳动者健康损害关系及致病条件，并为进一步监护提供新的检测项目。

（王多多　孙道远）

04 第四章　医学检查与生物样本检测

第一节　职业健康常规医学检查

职业健康检查作为职业健康监护中最为重要的工作部分，通过现有的医学手段和方法，针对劳动者所接触的职业病危害因素可能产生的健康影响和健康损害进行的临床医学检查，一般包括常规医学检查项目和特殊医学检查项目。

职业健康检查不同于一般的健康检查，应根据 GBZ 188 的要求，按照劳动者所接触职业病危害因素及目标疾病进行针对性的检查，是实施职业健康检查的理论基础。通过检查了解受检者健康状态，为判断职业禁忌证、疑似职业病提供线索和依据。常规医学检查项目是指作为一般健康检查和大多数职业病危害因素的健康检查都需要进行的检查项目。针对部分特定的职业病危害因素需要进行常规医学检查项目之外的其他医学检查，称为特殊医学检查，如血铅、肺功能、胸部 CT、纯音听阈测试等。常规医学检查通常包括职业健康常规体格检查、职业健康相关外科、眼科等检查。检查医师应经注册取得医师执业证书，并按照注册的执业地点、执业类别、执业范围，从事相应的检查工作。检查过程中如果发现与目标疾病相关指标异常但尚不能确定疾病性质，需要进一步检查确定的，可由主检医师根据具体情况适当增加补充检查项目或复查，以作出疑似职业病、职业禁忌证等结论。

一、劳动者个人基本信息资料采集

（一）个人基本信息资料采集内容

1. 个人资料

包括姓名、性别、种族、出生年月、出生地、身份证号码、婚姻状况、教育程度、家庭（通信）住址、现工作单位、联系电话等信息。

2. 职业接触史

包括起止时间、工作单位、车间（部门）、班组、工种、接触职业病危害因素的名称（接触两种以上应具体逐一填写）、接触时间、防护措施等。

3. 个人生活史

包括吸烟史、饮酒史，女工还有月经与生育史。

4. 既往史

包括既往预防接种及传染病史、药物及其他过敏史、过去的健康状况及患病史、手术及输血史、患职业病及外伤史等。

5. 家族史

主要包括父母、兄弟、姐妹及子女的健康状况，是否患结核、肝炎等传染病；是否患遗传性疾病，如血友病等，如有死亡，应询问死因。

（二）劳动者个人基本信息资料的采集方法

劳动者个人基本信息资料应根据职业健康检查需要确定，主要是通过直接询问获得，同时依据相关法律法规如受检者的职业接触史等要求用人单位提供。

（1）收集个人资料时，应由医务人员进行询问，必须是由医师或护士进行询问，并使用受检者能够理解的语言提问。

（2）负责问诊的医护人员应掌握问诊和收集的资料全部内容，并且接受专门的培训，问诊时要礼貌待人。

（3）问诊相关问题时一定要注意系统性和目的性，不重复提问，避免询问与体检无关和错误的问题，以免降低受检者对检查人员的信心和期望；根据受检者的回答做出正确的判断，并做好记录。

（4）职业史包括既往和目前接触职业病危害因素的作业史。要特别注意不同时段的接触史应分开记录，特别注意接触时间、工种、接触的职业病危害因素名称的准确性，必须精准到具体职业病危害因素名称。受检者作业环境职业病危害因素的监测情况应从用人单位提供的资料中获得；现职业史由用人单位提供，受检者确认。

（5）询问到一些关于受检者隐私的问题时，如身份证号码、家庭住址及联系电话、家族史及既往史、月经与生育史时，要循循善诱，必要时使用一些过渡性语言，以取得受检者合作。

（6）为了收集尽可能准确的病史，医务人员要印证核实受检者提供的信息。如，受检者说“我5年前患了肺结核”；医师应询问：“当时做过胸部X射线吗？”或“经过抗结核治疗吗？”

（7）检查者应避免在询问和收集资料时易出现的错误，主要有：①询问错误，随便省略或变更问题；②记录错误，受检者说到的问题未被记录下来或不恰当地记录下来；③欺骗的错误，没有问的问题或受检者没有回答的问题却记录了应答的结果。

二、症状问诊

问诊是医生通过对患者或相关人员的系统询问获取病史资料，经过综合分析而作出临床判断的一种诊法。问诊是病史采集（history taking）的主要手段。

（一）症状问诊的重要性

问诊是职业健康检查中的重要环节，通过问诊可获取所需资料，了解受检者既往健康状况、职业接触史、接触职业病危害因素可能引起的不适症状等；同时也是与受检者沟通、建立医生与受检者良好关系的最重要时机，能取得受检者的信任和配合，得到可靠的病史资料，对出具准确的职业健康检查结论有极其重要的意义。

（二）问诊的技巧和方法

（1）问诊时无关人员不应在场，应使用恰当的语言进行询问，礼貌待人，以获得受检者的信任。

（2）不能顺着每个症状逐一询问，应根据具体情况采用不同类型的提问。一般性提问（或称开放式提问）常用于问诊开始，如问：“你近来有感到哪里不舒服吗？”待获得一些信息后，再着重问重点问题；直接提问用于收集特定的有关细节，采用“是或不是”或对提供的选择作出回答。问诊应遵循从一般性提问到直接提问原则，要避免诱导性、暗示性提问或责难性和连续性提问。

（3）提问时要注意系统性和目的性，应结合受检者接触的职业病危害因素对健康的损害所可能产生的症状，突出重点。如果是从事粉尘作业者应着重询问呼吸系统的自觉症状，如有无咳嗽、咳痰、胸闷、气促等，再兼顾其他系统的症状。铅作业者必须注意询问有无神经系统症状，如头晕、失眠、多梦、记忆力减退等，还要问消化系统症状，如腹痛、腹泻、便秘等。苯作业者除询问神经系统症状外，还必须注意问有无造血系统的一些自我感觉症状，如皮下出血点、刷牙易出血、女工的月经有无异常等。

（4）问诊者应明白某些受检者的期望，了解其确切目的和要求。例如，有的受检者接触某种职业病危害因素，希望通过健康检查可给予倾向职业病的结论；有的受检者则希望能够得到或继续留在目前岗位工作。故受检者在回答时可能会夸大症状的存在，也可能会隐瞒症状。问诊者应尽可能通过仔细地询问和分析，结合自己的专业知识作出正确的判断和记录，并告诉受检者关于接触该职业病危害因素对人体的影响，尽可能让其明白理解。

（5）避免专业医学术语，在选择问诊的用语和判断受检者的叙述时应注意，不同文化背景对各种医学词汇的理解有较大的差异。问诊时必须用常人易懂的词语代替难懂的医学术语，询问者应对难懂的术语做适当的解释后再使用。

三、一般检查

（一）身高与体重的测量

1. 身高的测量

被检查者脱鞋、帽、外衣，直立，两眼正视前方，挺胸收腹，两臂自然下垂，手指并拢，脚跟靠拢，脚尖分开约 60°，背靠身高仪的立柱，使两足后跟、臀部及两肩 3 点都接触立柱。测量者移动身高计，头顶与身高计接触，读数并记录，以厘米（cm）为单位记录，为确保结果的准确性，可以重复测量 2~3 次，取平均值为最终的身高数据。

2. 体重检查

体重检查前应将体重计校正，准确度误差要求不超过 0.1%，测量时调整到零点。被检查者脱鞋、帽、外衣，应在晨起空腹时将尿排尽，自然平稳地站立于体重计踏板中央，两手自然下垂，防止摇晃或施压，准确读数记录，以公斤（kg）为单位记录。

3. 身体质量指数（BMI）

BMI 用于评估身体脂肪含量，反映机体肥胖程度。计算方法：BMI= 体重 / 身高 ^{2}（kg/m^2）。

WHO 肥胖程度的分类标准：BMI 18.0~24.9 为正常，25.0~29.9 为超重，大于 30 为肥胖。我国卫生部发布的《中国成人超重和肥胖症预防控制指南》（2006 年版）中规定我国肥胖程度的分类标准为：BMI<18.5 为体重过低，18.5~23.9 为正常体重，24.0~27.9 为超重，≥28 为肥胖。

（二）血压的测量

使用标准测量计是测量结果准确的重要因素。必须按要求对血压计定期检查和维护，才能保证测量的正确。检查时采用间接测量法（袖带加压法，以血压计测量），选择符合计量标准的汞柱式血压计或经国际标准（AAMI、ESH 和 BHS）验证合格的电子血压计进行测量，常用的电子血压计为臂式电子血压计。

测量方法是：①测量前应让受检者半小时内禁烟、禁咖啡、排空膀胱，安静环境下至少休息5min，提供的检查环境不要有过多噪声；②坐位安静休息至少5min后，测量上臂血压，上臂应置于心脏水平；③使用标准规格的袖带，臂围大者（>32cm）应使用大袖带，臂围小者（<24cm）应使用小袖带；④测量血压时，应间隔30~60s重复测量，取2次读数的平均值记录；如收缩压或舒张压的2次读数相差10mmHg以上，应再次测量，取3次读数的平均值记录。

（三）营养状态观测

营养状态与食物的摄入、消化、吸收和代谢等因素密切相关，其好坏可作为鉴定健康和疾病程度的标准之一。最简便评价营养状态的方法是观察皮下脂肪充实的程度，主要观察前臂曲侧或上臂背侧下1/3处脂肪的分布，作为判断脂肪充实程度最方便和最适宜的部位。

临床上通常用良好、中等、不良三个等级对营养状态进行描述。

1. 良好

黏膜红润、皮肤光泽、弹性良好，皮下脂肪丰满而有弹性，肌肉结实，指甲、毛发润泽，肋间隙及锁骨上窝深浅适中，肩胛部和股部肌肉丰满。

2. 中等

介于良好与不良之间。

3. 不良

皮肤黏膜干燥、弹性降低、皮下脂肪较薄，肌肉松弛无力，指甲粗糙无光泽，毛发稀疏，肋间隙及锁骨上窝凹陷，肩胛骨或锁骨嶙峋突出。

四、职业健康常规内科检查

（一）呼吸系统检查

主要采用视、触、叩和听诊，以听诊为主，观察胸廓外形、胸部叩诊，听诊呼吸音情况及是否有干湿啰音。

（二）心血管系统检查

心血管系统常见的检查方法是心脏视、触、叩、听检查，以叩诊及听诊为主，主要观察心脏的大小、心尖搏动、心率、心律、各瓣膜区心音及杂音、心包摩擦音。

（三）消化系统检查

消化系统检查的重点是腹部的检查，主要检查方式为视诊、触诊，以触诊为主，观察腹部外形、肠蠕动，触摸肝脾大小、硬度及有无触痛等。

五、职业健康相关神经系统检查

（一）运动功能检查

1. 肌力

肌力指肌肉运动时的最大收缩力。肌力的记录采用0级至5级的六级分级法，0级：完全瘫痪，测不到肌肉收缩。1级：仅测到肌肉收缩，但不能产生动作。2级：肢体在床面上能水平移动，但不能抵抗自身重力，即不能抬离床面。3级：肢体能抬离床面，但不能抗阻力。4级：能做对抗外界阻力动作，但不完全。5级：正常肌力。

2. 肌张力

肌张力指静息状态下的肌肉紧张度和被动运动时遇到的阻力。检查时嘱受检者肌肉放松，根据触摸肌肉的硬度及伸屈其肢体时感知肌肉对被动伸屈的阻力作判断。

3. 不自主运动

不自主运动指受检者意识清楚的情况下，骨骼肌不自主收缩所产生的一些无目的的异常动作，多见于基底节病变引起的姿势和运动异常，可表现为震颤、舞蹈样运动或手足徐动。如震颤可见于汞、锰中毒。

4. 共济运动

共济运动指机体任意动作的完成均依赖于某组肌群协调一致的运动，这种协调主要靠小脑的功能，和前庭神经、视神经、深感觉及锥体外系等参与。常见检查方法：①指鼻试验，嘱受检者先以示指接触距其前方 0.5m 检查者的示指，再以示指触自己的鼻尖，以不同方向，由慢到快，先睁眼、后闭眼，重复进行；②跟－膝－胫试验，嘱受检者仰卧，抬起一侧下肢，然后将足跟放在对侧膝盖下端，再使足跟沿胫骨前缘向下移动，先睁眼、后闭眼，重复进行；③闭目难立征检查，嘱受检者并足站立，两臂前伸，先睁眼、后闭眼，重复进行，观察有无晃动和站立不稳。

（二）感觉功能检查

感觉功能检查主观性强，易产生误差，检查时必须嘱受检者闭目，以避免主观和暗示作用。如受检者无神经系统疾病的临床表现或体征，感觉功能检查可以简单地分析远端指、趾的正常感觉是否存在，检查选择痛觉、触觉、震动觉、运动觉和位置觉。

1. 痛觉、触觉检查

属浅感觉检查，用大头针尖均匀轻刺受检者皮肤，记录感觉是否正常、对称或过敏、减退或消失及其范围。

2. 震动觉

属深感觉检查，用震动着的音叉柄置于骨突起处（如内、外踝，手指，桡尺骨茎突，胫骨，膝盖等）询问受检者有无震动感觉，判断两侧有无差别。

3. 运动觉

属深感觉检查，令受检者闭目，用手轻轻将受检者手指或足趾向上或向下位移，令受检者说出“向上”或“向下”的方向。

4. 位置觉

属深感觉检查，将受检者的肢体摆成某一姿势，要求其描述该姿势或用对侧肢体模仿。

5. 复合感觉检查

（1）皮肤定位觉（skin topethesia）：是测定触觉定位能力的检查，医师用手指轻触受检者皮肤某处，让受检者用手指出被触位置。皮肤定位觉障碍见于皮质病变。

（2）两点辨别感觉（two-point discrimination）：受检者闭目，用分开的两脚规刺激两点皮肤，如受检者有两点感觉，再将两脚规距离缩短，直到受检者感觉为一点为止。如触觉正常而两点辨别觉障碍，见于额叶病变。

（3）图形觉（graphesthesia）：嘱受检者闭目，检查者用竹签或笔杆在受检者皮肤上画一几何图形（圆形、方形、三角形等）或数字，看受检者能否辨别。如有障碍，提示为丘脑水平以上的病变。

（4）实体觉（stereognosis）：是测试手对实体物的大小、形状、性质的识别能力。检查时嘱受检者闭目，将物体如铅笔、橡皮、钥匙等置于受检者手中，让其触摸后说出物体的名称。实体觉缺失时，受检者不能辨别出是何物体，可见于皮质病变。

（三）神经反射检查

1. 浅反射检查

指刺激皮肤、黏膜或角膜等引起的反应，包括角膜反射、腹壁反射、提睾反射、跖反射等。当出现浅反射减弱或消失时，可能表明存在中枢神经系统病变或周围神经系统病变。

（1）角膜反射：反射中枢位于脑桥。传入神经为三叉神经眼支，传出神经为面神经。

被检查者向内上方注视，医师用细棉签毛由角膜外缘轻触病人的角膜。正常时，被检者眼睑迅速闭合，称为直接角膜反射。同时和刺激无关的另一只眼睛也会同时产生反应，称为间接角膜反射。

（2）腹壁反射：反射中心为 T7 至 T12，传导神经是肋间神经。

被检查者取仰卧位，双下肢屈曲使腹肌松弛，以钝针、竹签或叩诊锤尖端由外向内分别轻划两侧腹壁皮肤，引起一侧腹肌收缩，脐向该侧偏移，上腹壁（T7~T8）、中腹壁（T7~T9）、下腹壁（T11~T12）反射系沿肋弓下缘、脐水平、腹股沟上的平行方向轻划。肥胖者和经产妇可引不出。

（3）提睾反射：反射中心为 L1~L2，传导神经是生殖股神经。

以钝针等自上向下轻划大腿内侧皮肤，正常为该侧提睾肌收缩使睾丸上提。年老或体弱者可消失。

（4）跖反射：反射中心为 S1~S2，传导神经是胫神经。

下肢伸直，轻划足底外侧，自足跟向前至小趾根部足掌时转向内侧，反射为足趾跖屈。

2. 深反射检查

指刺激骨膜、肌腱引起的反应，包括肱二头肌反射、肱三头肌反射、桡骨膜反射、膝反射、跟腱反射等。如增强或减弱，可能提示上运动神经元（皮质脊髓束）或下运动神经元（周围神经和脊髓节段）的病变。如末梢神经炎、脑或脊髓的急性损伤、骨关节病和肌营养不良等。

（1）肱二头肌反射：反射中心为 C5~C6，经肌皮神经传导。

被检者肘部屈曲成直角，检查者以左拇指置于被检者肘部肱二头肌腱上，右手持叩诊锤叩击左拇指指甲，反射为肱二头肌收缩而致屈肘动作。

（2）肱三头肌反射：反射中心为 C6~C7，经桡神经传导。

被检者上臂外展，肘部半屈，检查者以左手托持其前臂，叩击鹰嘴上方的肱三头肌腱，反射为肱三头肌收缩而致前臂伸直。

（3）桡反射：反射中心为 C5~C6，经桡神经传导。

被检者肘部半屈，前臂半旋前，检查者叩击其桡骨下端。反射为肱桡肌收缩而致肘部屈曲、前臂旋前。

（4）膝反射：反射中心为 L2~L4，经股神经传导。

坐位时，小腿自然放松下垂，与大腿成 90° 角；卧位时，检查者左手托起两膝关节使小腿与大腿成 120° 角，用叩诊锤叩击髌骨下的股四头肌腱，反射为股四头肌收缩而致膝关节伸直、小腿突然前伸。

（5）跖反射（跟腱反射）：反射中心为 S1~S2，经胫神经传导。

深反射通常分为下列几级，应准确记录检查结果。(-)：反射消失；(+)：反射存在，但只有肌肉收缩而无相应关节活动，为反射减弱；(++)：肌肉收缩并导致关节活动，为正常反射；(+++)：反射增强，可为正常或病理状况；(++++)：反射亢进并伴有阵挛，为病理状况。

被检者仰卧位或俯卧位时，膝部屈曲约 90°，检查者以左手使其足部背屈约 90°，叩击跟腱；或被检者跪于床边，足悬于床外，检查者叩击其跟腱，反射为腓肠肌和比目鱼肌收缩而致足跖屈。

3. 病理反射

指锥体束病损时，大脑失去了对脑干和脊髓的抑制作用而出现的异常反应。包括 Babinski 征、Chaddock 征、Oppenheim 征、Gordon 征、Hoffmann 征等。Babinski 征是用竹签轻划被检者的足底外侧，由足跟向前到小趾根部转向内侧，正常反应为所有足趾的屈曲，阳性反应为拇趾背屈，其余各指呈现扇形展开。Chaddock 征是用竹签自后向前轻划足背外下缘，阳性反应和 Babinski 征相同。Oppenheim 征是用拇指和食指用力沿胫骨前缘，自上而下推移到踝上方，阳性反应同 Babinski 征。Gordon 征是用手指捏腓肠肌，阳性反应也同 Babinski 征。Hoffmann 征又称为弹中指试验，是检查者以右手的示、中两指夹持被检者的中指中节，使其腕关节背屈，其他指处于自然放松半屈状态，然后检查者以拇指迅速弹刮被检者中指指甲，若出现其他各指的掌屈运动，即为 Hoffmann 征阳性。

六、职业健康相关眼科检查

（一）检查内容

1. 眼科常规检查

眼科常规检查包括远距离视力、外眼检查。其中外眼检查包括眼睑、泪器、眼球位置及运动、眼眶、结膜、巩膜、角膜、前房、虹膜、瞳孔、晶状体检查。

2. 辨色力检查（色觉检查）

辨色力检查主要用于诊断眼部疾病、视觉障碍或颜色视觉缺陷。最常用的方法是假同色图检查（色盲本），使用色彩图中相同亮度但颜色不同的斑点组成的图形或数字，受检者需要在自然光线下辨认这些图形或数字。色盲者通常只能依靠明暗来判断，而无法准确识别颜色差异。

3. 眼底检查

眼底检查包括玻璃体、脉络膜、视网膜、视盘检查等。

（二）检查方法

1. 常规检查

（1）远距离视力检查。

①远视力表应置于被检眼（结点）前方 5m(即远视力表标准距离)处，或 2.6m 处，并在该距离立一面垂直的镜子，以确保经反射后的总距离为 5m。远视力表 5.0 行与被检眼等高。②应采用人工照明，照明力求均匀、恒定、无反光、不炫目。两眼分别检查，一般是先右后左（先检查裸眼视力，后检查矫正视力）。检查一眼时，须以遮眼板将另一眼完全遮住，但注意勿压迫眼球。③检查时，让被检者先看清最大一行标记，如能辨认，则自上而下、由大至小，逐级将较小标记指给被检者看，直至能清楚辨认的最小一行标记。受检者读出每个视标的时间不应超过 5s。如估计患者视力尚佳，则不必由最大一行标记查起，可酌情由较小字行开始。④视力表一般使用方法，测出被检眼所能辨

认的最小行视标(辨认正确的视标数应超过该行视标总数的一半),记下该行视标的视力记录值,即为该眼的视力。如被检者仅能辨认视标上最大的“4.0”行E字缺口方向,就记录视力为“4.0”;如果能辨认“4.2”行E字缺口方向,则记录为“4.2”;以此类推。⑤超常视力和低视力的测定参见《标准对数视力表》(GBZ/T 11533—2011)。

(2)外眼的检查。

①利用暗室,受检者下颌搁在托架上,前额与托架上横档贴紧;②调节托架使眼裂和显微镜相一致;③双眼要自然睁开平视,光源投射与观察方向呈30°~50°角;④翻转眼睑时,示指和拇指捏住上睑中外1/3交界处的边缘,嘱受检者向下看,轻轻向前下方牵拉,示指向下压迫眼睑板上缘,并与拇指配合将眼睑向上捻转即可将眼睑翻开;⑤依次观察和记录眼睑、睫毛、结膜、泪囊、角膜、前房、虹膜、瞳孔、晶状体情况;⑥检查后,轻轻向下牵拉上眼睑,嘱受检者往上看,即可使眼睑恢复正常位置;⑦若无暗室条件检查,则在普通条件下,用射灯或手电筒照射检查(斜照法)。

2. 辨色力检查(色觉检查)

采用标准色觉检查图谱,例如,喻自萍绘著的《色盲检查图》或空军后勤部卫生部编印的《色觉检查图》等,需由眼科医师或受过培训的眼科护士检查。常用假同色图检查法,要求如下。

(1)色觉检查应在良好的自然光线下或标准照明光线下进行。

(2)受检者双眼距离图谱60~80cm,视线与图谱垂直,两眼分别检查。辨认每张图片的时间一般应≤10s。图片的检查次序随机选择。

(3)检查结果应根据所用图谱的规定评定:①确定色觉是否正常;②对色觉异常者,确定是色弱还是色盲;③对色盲者,采用单色识别能力检查法,即用红、黄、绿、蓝、紫色卡片,确定是否为单色识别能力异常,如单色识别能力完全异常,则为全色盲,系指对各种颜色的识别能力完全丧失。

3. 眼底检查

眼底检查是检查玻璃体、视网膜、脉络膜和视神经疾病的重要方法。检查眼底需用检眼镜,目前多用直接检眼镜检查,实用、方便,且眼底所见为放大倍率较高的正像。

(1)一般应在暗室内用眼底镜进行检查,必要时应用药物散大瞳孔检查,散瞳前应了解病史,测量眼压,排除青光眼等散瞳禁忌证。

(2)受检者取坐或卧位,双眼前视。

(3)检查右眼时,检查者右手拿镜,站在被检者右侧,以右眼观察。

(4)通过观察孔,旋转正、负球面透镜转盘直到能看清眼底。

眼底检查主要观察以下方面。

①神经乳头:检查时应注意其边缘是否规则、清楚,有无色素弧和巩膜环;视乳头色泽是否正常;生理凹陷(即视杯,视杯直径与视乳头直径的比称为杯盘比)是否正常,有无凹陷的加深或者杯盘比扩大(正常一般≤0.3),有无隆起、水肿、出血、渗出等病变。②视网膜血管:检查时注意其弯曲度有无变化,有无血管鞘,有无直径变化,小动脉的反光是否增强或增宽,血管色泽有否变淡、变暗,有无血管畸形。要注意动静脉比例以及交叉部有无特征性改变。③黄斑区:位于视乳头颞侧2个视盘直径稍偏下处,注意观察其颜色,有无渗出物或出血、水肿、瘢痕形成,有无色素沉着和萎缩等。④视网膜:视网膜一般呈橘红色;如果色素上皮含色素较少,透见脉络膜血管及血管间隙

色，眼底可呈豹纹状，这种情况多见于近视及老年人。需观察视网膜内或视网膜上是否有不同程度、深度和范围的出血、渗出、水肿，是否有色素改变（如色素脱失或沉着）和增生性病变，形成视网膜前膜或视网膜下膜等。

七、职业健康相关耳科常规检查

（一）检查内容

外耳（耳郭、外耳道）、鼓膜和一般听力检查。

（二）检查方法

1. 检查体位

受检者取坐位，配合医师检查进行适当头位转动调整。

2. 耳部检查

检查者使用耳镜或电筒照射，检查耳郭时注意耳郭形状、耳周有无瘘管、耳郭有无牵拉痛，乳突区有无红肿压痛等情况；检查外耳道及鼓膜时将耳郭向后、上、外方轻轻牵拉，使外耳道变直，同时可用示指将耳屏向前推压，使外耳道口扩大，观察外耳道有无耵聍、红肿渗出、脓液、后壁塌陷、异物堵塞等，观察鼓膜光锥情况，鼓膜有无穿孔、钙化，鼓室有无积液等情况。使用电耳镜检查时注意耳镜前端不要触碰外耳道壁，深度勿超过软骨部，以免引起疼痛。

3. 一般听力检查

常用音叉检查，用于初步判定与鉴别耳聋性质，但不能判断听力损失的程度。进行音叉听力检查时，选择合适的倍频程频率音叉，一般一组共5个，分别是C128Hz、C256Hz、C512Hz、C1024Hz、C2048Hz，其中最常用的为C256Hz和C512Hz。检查者手持叉柄，用叉臂敲击另一手掌的鱼际肌（不要敲击过响以免产生泛音），将振动的两叉臂上端置于耳道口1cm处，呈三点一线，检查骨导时，应将叉柄基部紧贴颅面骨中线或乳突部。常见的音叉检查方法有Rinne试验（又称气骨导对比试验，是比较同侧气导和骨导听觉时间的一种检查方法）、Weber试验（又称骨导偏向试验，系比较两耳骨导听力的强弱）和Schwabach试验［又称骨导对比试验，为比较受试耳骨导（BC1）与正常耳（BC2）的试验］。

噪声接触者的职业健康检查应采用检定合格的纯音听力测试仪，此检查不作为常规检查项目。

八、职业健康相关鼻及咽部常规检查

（一）检查内容

鼻的外形、鼻黏膜、鼻中隔及鼻窦部，咽部及扁桃体等。

（二）检查方法

1. 鼻部检查

鼻部检查包括外鼻、鼻腔检查。

（1）受检者取坐位，配合医师检查时进行头部的转动。

（2）检查者应戴额镜，手持前鼻镜。

（3）鼻部的检查在职业性体检中比较重要，许多化学物质可通过鼻部吸入，检查时注意包括鼻的外形，鼻黏膜有无充血、水肿、干燥、萎缩，鼻甲有无肥厚、缩小，鼻腔内有无溃疡、息肉、脓性分泌物，鼻中隔有无偏曲、穿孔，特别是接触铬的电镀工可能引起鼻甲红肿、鼻中隔前下方黏膜苍白、糜烂、溃疡，甚至有穿孔等表现。

2. 咽部检查

咽部检查包括口咽部、鼻咽部检查。

（1）主要检查口咽部。包括口咽部黏膜、悬雍垂、双侧扁桃体及腭舌弓、腭咽弓、咽侧索、咽后壁淋巴滤泡。受检者取坐位，自然张口并发“啊”音，用压舌板轻压舌的前2/3处，观察悬雍垂是否过长、分叉，双侧扁桃体有无肿大、充血、溃疡、瘢痕以及隐窝口是否有脓栓或干酪样物，咽侧索有无红肿，咽后壁有无淋巴滤泡增生、肿胀和隆起。必要时戴手套进行咽部触诊。

（2）必要时用间接鼻咽镜检查鼻咽部。咽反射较敏感者，可经口喷1%丁卡因，使咽部黏膜表面麻醉后再进行检查。受检者端坐位，张口用鼻呼吸使软腭放松，检查者左手持压舌板，压下舌前2/3，右手持加温而不烫的间接鼻咽镜，镜面朝上，经一侧口角伸入口内，置于软腭与咽后壁之间。依次观察软腭背面、鼻中隔后缘、后鼻孔、咽鼓管咽口、咽鼓管圆枕、咽隐窝、鼻咽顶后壁及腺样体等。观察鼻咽部位有无充血、粗糙、出血、溃疡、隆起及新生物等。

九、职业健康相关口腔科常规检查

（一）检查内容

口腔气味、黏膜、牙龈及牙齿状态。

（二）检查方法

（1）检查体位：如不是在口腔科专科处有牙椅设备检查时，受检者可取坐位。

（2）在自然光线下或用电筒照明进行检查。

（3）检查牙齿时，应按下列格式标明异常牙齿部分：

$$
\begin{array}{c}
\text{上} \\
\text{右}\quad \begin{array}{cc} 87654321 & 12345678 \\ \hline 87654321 & 12345678 \end{array} \quad\text{左} \\
\text{下}
\end{array}
$$

注：1表示中切牙，2表示侧切牙，3表示尖牙，4表示第一前磨牙，5表示第二前磨牙，6表示第一磨牙，7表示第二磨牙，8表示第三磨牙。

记录时格式如 $\underline{1|}$ 表示为右上中切牙；表示 $\overline{4|}$ 为右下第一前磨牙；$\frac{5|}{|7}$ 表示为右上第二前磨牙及左下第二磨牙。

（4）检查时要包括口腔气味、口唇、口腔内器官。观察口唇颜色，口腔黏膜色泽、有无色素沉着，黏膜下有无出血点及瘀斑，有无溃疡、糜烂、白斑、肿块等；若口腔有金属味或牙龈的游离缘出现蓝灰色点线可能为铅线，可能与铅接触有关；口腔黏膜常溃疡可能与汞接触有关。

十、职业健康相关外科检查

（一）检查内容

职业健康相关外科检查包括皮肤黏膜、浅表淋巴结、甲状腺常规检查和头颅检查、脊柱、四肢关节及运动检查等。

（二）检查方法

1. 皮肤黏膜

皮肤、口腔黏膜的颜色，是否有皮疹，有无金属沉着线、糜烂等，眼结膜有无充血、球结膜黄染。

2. 浅表淋巴结

浅表淋巴结检查包括视诊和触诊，应按照一定的顺序进行，主要观察头颈部和腋窝淋巴结是否有肿大、压痛及其活动度。

3. 甲状腺常规检查

可通过视、触、听诊检查，观察甲状腺大小及有无结节和包块，如有肿大还应检查有无血管杂音。

4. 头颅检查

观察有无颅骨缺损、凹陷、肿块、畸形等，头部运动、头部不随意的颤动等。

5. 脊柱

受检者需充分暴露背部，观察脊柱有无侧弯、后凸或前凸，检查脊椎活动度，有无活动受限及畸形，有无压痛及叩击痛等。

6. 四肢关节及运动检查

检查时应充分暴露被检部位，注意双侧对比，观察四肢及各部位关节的外形及功能，姿势、步态、肢体活动情况，有无关节畸形或功能障碍，下肢有无水肿、静脉曲张、色素沉着或溃疡等。

7. 肛门与直肠检查

肛门与直肠检查方法以视诊、触诊为主。视诊主要看肛门周围皮肤有无增厚、红肿、血性及脓性分泌物、皮疹及瘘管等，有无外痔及脱出的内痔、直肠脱垂、肛门皲裂等。触诊包括肛门和直肠，检查肛门括约肌紧张度，肛管内壁有无肿块和压痛，直肠内有无肿块，肠腔有无狭窄等。

（邵玉仙）

第二节　实验室及相关检查

实验室及相关检查虽是辅助检查项目，但在职业健康检查工作中，其检验结果往往直接关系到检查结论。实验室检查有标准方法和临检中心的质控要求，但是其参考值范围在不同的检查机构之间可以存在一定的差异，这主要是由于检测系统的不同（包括仪器、试剂、方法学等）。常用检验项目的参考值范围可参照国家卫生行业标准《临床常用生化检验项目参考区间》（WS/T 404—2012）执行。相关检查结果应参照有关标准执行。

一、血常规

（一）血常规检查项目

包括血红蛋白、红细胞计数、白细胞计数和分类、血小板计数（如使用血细胞分析仪，则包括同时检测的其他指标），通常用五分类法；接触酚类化合物应增加网织红细胞检查。

（二）血常规检查方法

血常规检查是实验室检查中的重要组成部分，可以精确反映血液内白细胞、红细胞以及血小板等指标的变化，从而判断血液及疾病状况。目前主要采用静脉采血法。检测通常由自动化血液分析仪完成，检测项目已增多，有 18~30 项参数。显微镜检查目前主要用于血液分析仪检测结果的复查，通过复检确认血液分析仪得出的结论，并进一步核实出现异常结果的原因。

血常规的正常值范围可参照《血细胞分析参考区间》（WS/T 405—2012），具体正常值范围可能因实验室和地区差异而略有不同。需要引起注意的是接触苯引起的血液系统疾病如血白细胞、中性粒细胞和（或）血小板的减少及再生障碍性贫血和急性髓系白血病应参照《职业性苯中毒诊断标准》（GBZ 68—2022）执行。

二、尿常规

尿常规检查项目包括颜色、酸碱度、比重、尿蛋白、尿糖和常规显微镜细胞学检查（如使用尿液分析仪则可同时测定其他项目）。

（一）尿液检查各项指标意义

1. 尿比重（SG）

尿比重（SG）是指尿液在4℃时与同体积纯水重量之比，是尿液中所含溶质浓度的指标。尿比重测定可粗略反映肾小管的浓缩与稀释功能，尿酸碱度（pH）可反映肾脏调节体液酸碱平衡的能力。

2. 尿液蛋白质（PRO）

健康人每天通过尿液排出的蛋白质极少，常规定性检查呈阴性，当尿液中蛋白质超过 150mg/24h（或超过 100mg/L）时，尿蛋白定性试验呈阳性，称为蛋白尿。

3. 尿糖（GLU）

健康人尿液中可有微量葡萄糖（<2.8mmol/24h），常规方法检测为阴性，当血糖浓度超过 8.96~10.08mmol/L（1.6~1.8g/L）时，尿液中开始出现葡萄糖，称为“肾糖阈”。尿糖定性试验呈阳性的尿液称为糖尿。

4. 尿白细胞（LEU）

尿中白细胞主要是中性粒细胞，正常尿液中，可有少量白细胞，一般离心尿每高倍镜视野（HP）白细胞为 1~2 个，仍属于正常。如每高倍镜视野超过 5 个白细胞，应考虑尿道感染可能。

5. 尿隐血（BLD）

尿隐血阳性包括血尿和血红蛋白尿，正常人尿液中可有极少量红细胞，偶可引起尿隐血的微弱阳性。尿液中血液量在 0.1% 以下时，仅能通过隐血试验发现。当尿液中存在易热酶（如过氧化物酶）和肌红蛋白时，可引起尿隐血的假阳性。血尿见于急性肾小球肾炎、尿路感染、结石、结核、肿瘤、服用某些肾毒性药物、血管畸形及出血性疾病等，显微镜检查多可查见数量不等的红细胞。临床上出现血红蛋白尿的原因主要为血管内溶血，即血管内大量红细胞被破坏，释出游离血红蛋白，过多的游离血红蛋白超过珠蛋白的结合能力，而从肾脏排出发生血红蛋白尿，严重时尿呈酱色。

6. 尿酮体（KET）

健康人尿液中酮体含量极微，定性检测为阴性。当人在饥饿、各种原因引起糖代谢障碍、脂肪分解增强或某些药物干扰等情况下，产生的酮体速度大于组织利用的速度，就会出现酮血症，继而发生酮尿，此时尿内酮体检测呈阳性。

7. 尿胆红素（BIL）

健康人血液中结合胆红素含量很低，滤过量极少，因此尿中检测不出胆红素，定性检测为阴性。如血中结合胆红素增加可通过肾小球膜使尿中结合胆红素量增加，尿胆红素试验呈阳性反应。

8. 尿胆原（URO）

健康人尿液中尿胆原定性检测为弱阳性（1：20 稀释后阴性），可与尿胆红素、血胆红素等检查协助黄疸的鉴别。

（二）显微镜检查在尿液分析中的意义

在干化学试带质量合格、尿液分析仪运转正常情况下，试验结果中红细胞、白细胞、蛋白质和亚硝酸盐 4 项全部为阴性，可以免去显微镜检查，如果其中有一项异常者，必须进行显微镜检查，并以显微镜检查结果为准。

三、血液生化检查

（一）肝功能检查项目

肝功能检查项目包括血清丙氨酸转氨酶（血清 ALT）、血清 γ- 谷氨酰转移酶（GGT）、血清总胆红素、血清直接胆红素、总蛋白、白蛋白和球蛋白。

（二）肝功能检查意义

1. 丙氨酸转氨酶（ALT）

主要存在于肝细胞内，在各种病毒性肝炎的急性期、药物、化学中毒性肝细胞坏死时，ALT 大量释放入血中，是诊断病毒性肝炎、中毒性肝炎的重要指标。

2. γ- 谷氨酰转移酶（GGT）

血清中 GGT 主要来自肝胆系统，广泛分布于肝细胞的毛细胆管一侧和整个胆管系统，当肝内胆汁合成亢进或胆汁排出受阻时，血清中 GGT 增高，GGT 测定主要用于肝胆疾病的诊断。

3. 总胆红素（TBIL）、血清直接胆红素（DBIL）

是临床上判定黄疸的重要依据，也是评价肝功能的重要指标。肝细胞对胆红素摄取障碍、肝细胞内胆红素结合障碍、肝细胞对胆红素分泌障碍，均可引起总胆红素升高。根据直接胆红素和总胆红素比值可协助鉴别黄疸类型，如 DBIL/TBIL<20% 提示为溶血性黄疸，DBIL/TBIL 为 20%~50% 常为肝细胞性黄疸，DBIL/TBIL>50% 为梗阻性黄疸。

4. 总蛋白

主要用于检测慢性肝炎，并反映肝实质细胞储备功能。白蛋白、球蛋白和白蛋白 / 球蛋白（A/G）反映肝脏的功能状态和预后。慢性肝炎和肝硬化者 A/G 比值倒置。常用测定方法有凯氏定氮法、双缩脲法等。

（三）肾功能检查项目

主要包括血清肌酐、尿素测定。

通过对血清肌酐、尿素检测，观察肾小球的过滤功能。血清尿素氮是血浆中除蛋白质以外的一种含氮化合物，也是非蛋白氮的主要成分，经肾小球滤过后随尿液排出，在肾实质受损、肾功能不全失代偿时，肾小球滤过减少，血中尿素氮浓度会升高。

血清肌酐浓度可在一定程度上准确反映肾小球滤过功能的损害程度。当肾实质受到损害时，肾小球的滤过率就会降低。早期或轻度肾功能损害时，由于肾的储备力和代偿力很强，血肌酐浓度可以表现为正常，当肾小球滤过功能下降到 30% ~ 50% 时，血肌酐数值才明显上升。

（四）肾小管功能检测

1. 尿 β_2– 微球蛋白（β_2–MG）

在正常人血液中浓度很低，仅由肾小球自由滤过，滤过的 β_2–MG 不再反流入血，几乎都被肾近曲小管摄取并降解。接触汞、镉、铬等职业病危害因素可引起肾小管损害，当肾小管功能受损时，β_2–MG 重吸收和降解减弱，清除率下降，尿 β_2–MG 排出量增加，是检测肾小管病变敏感而特异的方法。

2. 尿视黄醇结合蛋白（URBP）

URBP 在血浆中小部分未结合的状态下，可自由通过肾小球膜，被近曲小管重吸收进行代谢降解。当肾小管损伤时，尿视黄醇结合蛋白的重吸收和降解受影响，尿中排泄增多。因此，尿视黄醇结合蛋白可敏感地反映近曲小管的损伤，是反映近端肾小管损伤的重要标志物。

四、胸部 X 射线摄片

X 射线后前位胸片表现是诊断尘肺病的主要依据，因此，符合尘肺病诊断要求的胸部 X 射线摄片应该有适当的影像密度、恰当的影像对比度、良好的锐利度和较少的影像噪声。DR 胸片也应达到这一要求，并与高千伏胸片有良好的可比性。鉴于数字影像的可修饰性，图像处理参数应在拍摄胸片之前设定，不允许对 DICOM 格式的影像文件进行图像处理。胸片质量与质量评定见《职业性尘肺病的诊断》（GBZ 70—2015）的附录 C，高千伏胸片 X 射线摄片和数字 X 射线胸片摄片的技术要求分别见《职业性尘肺病的诊断》（GBZ 70—2015）的附录 E 和附录 F。

五、心电图

心电图检查采用普通心电图仪进行标准 12 导联心电图检查，各个导联应连续描记 3 个完整波形，完成录图。

六、腹部 B 超

腹部 B 超检查项目主要是肝脏 B 超、脾脏 B 超。

（一）B 超检查仪器及项目

线阵扫查超声实时成像仪是腹部 B 超探测中一种方便、合适的仪器，必要时也可用彩色多普勒超声成像仪，在职业健康检查中主要是观察肝、脾等脏器是否有病变，供诊断及鉴别诊断分析。

（二）B 超的影像学观察内容

1. 肝脏 B 超

肝脏 B 超主要观察：①肝脏大小、形态是否正常，包膜回声、形态、连续性是否正常，观察肝边缘、膈顶部及肝叶边角部分；②肝实质回声的强度，实质回声是否均匀，是否有局限性异常回声，异常回声区的特点（如数目、位置、范围、形态、边界、内部回声情况、声晕、后方回声、病灶内外血流情况）及其与周围组织器官的关系等；③肝内管道结构（胆管、门脉系统、肝静脉和肝动脉）的形态和走行，管壁回声情况，管腔有无狭窄或扩张，门脉主干及主要分支、胆管内有无栓子形成；④与肝脏相关的器官，如脾脏、胆囊、膈肌、肝门及腹腔内淋巴结情况。

2. 脾脏 B 超

脾脏 B 超主要观察脾脏的位置、形态、大小、包膜、实质回声；脾脏内部有无局限性病变及病变的形态、大小、边缘、回声强弱、回声是否均匀、周围及内部血流情况；脾动、静脉血流情况，脾门处血管内径；周围脏器有无病变及对脾脏的影响。

3. 肾脏 B 超

肾脏 B 超检查可以了解肾脏的形态、大小以及体积等情况，检查是否存在先天性疾病，如一侧肾缺如、融合肾、双肾盂畸形，如果是外伤，要检查包膜有没有破裂，肾周围有没有血肿；肾脏有没有囊肿、多囊肾，有没有肿瘤、肾积水、肾结石等。

七、肺功能检查

（一）肺功能检查项目

指肺通气功能测定，包括用力肺活量（FVC）、第一秒用力肺活量（FEV_1）和用力肺活量一秒率（FEV_1/FVC%）。

（二）肺功能检查方法

1. 肺功能仪质量控制

（1）环境参数的校准：将测试环境校准为BTPS（体温与压力饱和度）状态，即正常体温（37℃）、标准大气压（760mmHg）及饱和水蒸气状态（100% 湿度）。

（2）肺功能仪校准：是对实际测量值与理论值之间的误差进行校准。用校准仪（常称为定标筒）进行校准，定标在ATP（环境温度压力）条件下进行，如定标筒的容量精密度是 ±0.5%，肺量计的容量精密度就要控制在读数的 ±3.5% 以内。

2. 检查前准备

（1）核对并录入受检者个人信息；

（2）检查前应详细询问受试者的病史，排除检查禁忌证；

（3）准确测量身高和体重；

（4）要求受检者解开紧身衣服，若不能确保假牙安全可靠，可要求其取出；

（5）检查前应先向受检者介绍及演示检查动作，并指导受检者进行练习，嘱受检者检查时应根据测试人员的口令，尽最大努力，尽可能配合。

3. 检查步骤

（1）要求受检者坐位或站立做肺通气功能检测，头保持自然水平或稍微上仰，勿低头、弯腰和俯身；

（2）把吹筒放在口腔内，前口应含到牙齿内，并保证在吹气时不漏气；

（3）要求受检者下巴微抬和脖子微伸；

（4）夹住鼻子（测试与测试之间鼻夹可以移开）；

（5）准备好后令受检者平静呼吸 3~5 次后，尽最大努力深吸气到最饱满状态（不能再吸气为止），要求受检者以最快速度、最大力地把气吹进吹筒（呼气时应用嘴唇含紧吹筒用最大力和最快速度吹），并持续用力坚持 4s 以上；

（6）每位受检者至少测试三次，以测定值最大的为结果；

（7）检查每次测试记录图形，判定是否最大用力，有无停顿、换气、漏气或其他影响测试结果的异常，并应记录下来。对测试结果应给予评价，如满意、不满意、不能合作或拒绝合作等。

（8）报告中数据应以表格形式显示。可结合肺通气功能数据、容积 – 时间（V–T）曲线和流量 – 容积（F–V）曲线对肺通气功能障碍类型进行评估。

4. 常用肺通气功能的指标意义及正常参考值

（1）肺活量（vital capacity，VC）：是指尽力吸气后缓慢而又完全呼出的最大气量，即深吸气量加补呼气容积（IC+ERV）或潮气容积加补吸气容积加补呼气容积（VT+IRV+ERV）。右肺肺活量占全肺肺活量的 55%。

正常成人参考区间：男性（4217 ± 690）mL，女性（3105 ± 452）mL；肺活量实测值占预计值的百分比 <80% 为减低，其中 60%~79% 为轻度、40%~59% 为中度、<40% 为重度。

（2）用力肺活量（forced vital capacity，FVC）：是指深吸气至肺总量位后以最大力量、最快的速度所能呼出的全部气量。第 1 秒用力呼气容积（forced expiratory volume in one second，FEV_1）是指最大吸气至肺总量位后，开始呼气第 1 秒内的呼出气量。正常人 3 秒内可将肺活量全部呼出，第 1、2、3 秒所呼出气量各占 FVC 的百分率正常分别为 83%、96%、99%。FEV_1 既是容积测定，也是 1 秒内的平均呼气流量测定，临床应用非常广泛，并常以 FEV_1 和 FEV_1/FVC 表示（简称一秒率）。

正常成人参考区间：男性为（3179 ± 117）mL，女性为（2314 ± 48）mL；FVC 实测值占预计值的百分比和 FEV_1/FVC 均大于 80%。

八、纯音听阈测试

（一）纯音听阈测试内容

左右耳 500Hz、1000Hz、2000Hz、3000Hz、4000Hz、6000Hz，气、骨导听阈级。

（二）纯音听阈测试方法

1. 测试仪器

使用听力计进行测试。听力计应按照《电声学　测听设备　第 1 部分：纯音听力计》（GB/T 7341.1—2010）的规定制造，并按《声学　校准测听设备的基准零级　第 8 部分：耳罩式耳机纯音基准等效阈声压级》（GB/T 4854.8—2007）和《声学　校准测听设备的基准零级　第 3 部分：骨振器纯音基准等效阈振动力级》（GB/T 4854.3—2022）的要求校准。每天开机后需要自检，听力正常且有经验的测试者配戴换能器（即耳机和骨振器），测试各个频率，观察声音是否有异常。

2. 测试前准备

（1）测听前应先进行耳科常规检查。核对受检者，询问脱离噪声作业环境的时间并记录。耳镜检查时，如外耳道有堵塞的耵聍，应将其除去并视情况延迟一段时间再做测听。

（2）对受检者说明检查程序、左右耳检查顺序、如何作出反应以及注意事项等。

（三）测试步骤（以手控听力计检查为例）

（1）取坐位，并使测试者能清楚地看到受检者，但受检者看不到听力计键盘的操作和发生信号或中断。

（2）去掉眼镜、头饰和助听器，确认外耳道无异物并帮受检者正确佩戴换能器（气导耳机和换能器），嘱受检者不要触碰换能器。

（3）注意将红色标志的耳机戴在右耳，蓝色标志的耳机戴在左耳。

（4）连续音或脉冲音应存在 1~2s 的时间，当受检者有反应时，给声的间隔应是不规则的，且不应短于测试音的持续时间。

（5）在测听阈级之前应先发送一足够强的信号，以引起受试者作出明确的反应，让受检者熟悉测试音及应如何配合作出反应。

（6）先测试听力较好耳，测试音的发送次序是从 1000Hz 开始，而后依次向上测较高的频率，接着以下降的顺序测较低的频率，先测试耳在 1000Hz 重复测试一次（依次以 1000Hz、2000Hz、3000Hz、4000Hz、6000Hz、500Hz、1000Hz 的顺序进行）。

（7）在测试声级时，两种测听法（上升法和升降法）均可使用。以上升法为例：听阈的搜寻方法遵循“减十加五”原则，即患者能听到声音，则将声强减少 10dB，若不能听到，则增加 5dB。

（8）测骨导听阈级时需加掩蔽；测气导听阈级时当较差耳的气导听阈与较好耳骨导听阈差值≥40dB

时（使用压耳式耳机），较好耳应给予掩蔽。如需掩蔽，按《声学 测听方法 第1部分：纯音气导和骨导测听法》（GB/T 16296.1—2018）中6.2.3.3（气导）和8.5（骨导）的步骤进行。

（9）听阈级可用表格或图表形式表示。用听力图表示听阈级时，应采用GB/T 16296.1—2018规定的图示符号。

（10）注意整个测试时间不宜过长，一般在20分钟之内完成，否则由于受检者疲劳而难以得到可靠的结果。

（四）纯音测听数据处理

判断噪声职业禁忌证或者疑似噪声聋时，纯音听力检查结果应按《声学 听阈与年龄关系的统计分布》（GB/T 7582—2004）进行年龄、性别修正；纯音听阈的计算结果按四舍五入修约至整数。

（邵玉仙）

第三节 生物样品检测及意义

一、基本概念

生物样品（biological sample）是指根据生物监测需要采集的、具有代表性的、作为监测样品的人体生物材料（体液、分泌物、排泄物、毛发、指甲、细胞、组织等）。

生物样品检测［determination of biological material（s）］是指生物样品的采集以及生物监测指标的测定。

广义的生物标志物（biomarker）是指反映生物系统与外源性化学、物理因素及生物因素之间相互作用后产生的任何可检测指标。对职业医学而言，生物标志物是反映人体接触化学性有害因素所致健康损害过程中的变化，具有评价各种途径（呼吸道、消化道和皮肤）进入体内的化学物剂量及其产生的生物效应和人体对化学物易感性的这3大功能。其中，对生物样品中的生物标志物研究是其重要工作对象。通常在职业病诊断或健康检查中的生物标志物由反映内剂量和早期生物效应的指标组成。

人体生物监测（human biomonitoring，HBM）是指定期、系统和连续性地检测人体生物样品中化学物和（或）其代谢物的含量或由它们所致的无损伤效应水平，以评价人体接触化学物质的暴露水平及其对健康产生的潜在影响。生物监测数据主要来源于对生物样品中生物标志物的测量。

近年来随着“环境监测为主，生物监测为辅”的观念向“环境监测与生物监测相辅相成、互为补充”观念的转变，生物监测和生物标志物的研究越来越受重视，它不仅有利于有害因素接触水平和危害的监测，而且生物标志物人群流行病学的研究，在揭示职业有害因素致病机制方面，与有害因素体外实验研究及动物实验相比，更有着独特的科学价值和实用价值。在职业人群中开展生物监测，并与工作场所环境监测相结合，可以获得更多职业暴露与健康效应关系的数据，为制定和修订职业健康标准，保护高危人群发挥重要作用。

二、生物样品检测

目前用于职业健康检查中的生物样品主要是尿液、血液。呼出气的监测仅限于在血液中溶解度低的挥发性有机化学物或在呼出气中以原形排泄的化学物，且受到特殊装置的限制，目前在国内应用较少，但在欧美国家该项工作正在悄然兴起。

（一）生物样品采集

样品采集应严格按照生物接触限值规定的时间段（班前、班中、班末、工作周末）进行。应在干净无污染的室内场所进行采样，避免待测物的污染，分装地点应清洁无污染，禁止非专业人员进入。尿液样品采集和样品分装人员应经过培训，熟悉采样程序。采样人员及分装人员应戴工作帽、无粉乳胶手套和口罩。采样对象应脱离工作场所，洗净手和采样部位。

1. 生物样品的选择

生物样品的选择取决于有害物质的毒代动力学特性、样品中被测生物标志物的浓度以及分析方法的灵敏度。

（1）尿液。

尿液是最常用的样品，因为其采样简单，可得到大体积的样品，而且具有无损伤性、易被接受优点。尿样适合于检测有机化学物的水溶性代谢物及某些无机化学物。当接触化学物的生物半衰期短，接触量波动大时，与血液和呼出气中的原形化学物相比，班后尿中毒物的代谢物浓度能较好反映整个接触周期的接触水平。许多有机化学物的尿中浓度反映了尿滞留于膀胱期间的血浆平均水平。收集较长时间的尿，例如 24 小时尿比较有代表性，但在实际应用中，由于样品的收集、运输与保存都难以实行，在大多数工作场所，这种收集方式是不适用的。

尿液采集应收集中段尿液，并转移至专用的容器中，尿液体积应 >50mL；采集后的尿液样品应立即检测比重，对样品进行符合性检验；当尿比重检测结果在 1.010~1.030 范围内，或肌酐检测结果在 0.3~3.0g/L 范围内，尿液样品有效。

（2）血液。

血液因样本量有限、采样具有损伤性、储存条件严苛、需考虑慢性病和传染病等因素，不如尿液样本使用广泛，但对一些化学物质而言，如全氟化合物，在血样中的测定比尿液中的测定更具特异性。血液很少受组成变化的影响，血液中被测物水平通常反映有害物的近期接触水平。同样血可用于与生物大分子结合的化学物的测定，如核酸类生物标志物、蛋白质类生物标志物的测定，比血液中毒物或代谢产物的浓度更能反映生物有效作用剂量。血液中挥发性毒物的测定具有十分重要的意义，也是呼出气中挥发性毒物测定的基础。有蓄积性的毒物（如多氯联苯）血中浓度主要反映机体的负荷。

血液采样前要明确被测物是均匀分布在血液成分中，还是累积在特殊的血液成分中，据此决定采集全血、血清、血浆还是红细胞，并按不同要求分别选用抗凝或不抗凝的合格采血管。检测金属或类金属元素的采血管应避免使用 EDTA 抗凝，可根据待测物选择肝素锂或肝素钠等抗凝剂。

（3）呼出气。

呼出气中某些化学物的浓度可用来评价当时和近期的接触。采集呼出气时要将终末呼出气与混合呼出气区别开来，因为混合呼出气包括了呼吸道的无效腔体积（大约 150mL）。呼出气中有害物质浓度波动较大，绝大多数溶剂在停止接触后浓度能迅速下降，因此采样时间要严格控制。

2. 生物标志物的选择

生物样品检测指标要在了解有害物质的理化性质，在体内的吸收、分布和代谢，毒代动力学等知识的基础上选择，理想生物标志物必须具备以下 5 个特征：

（1）所选择的标志物应具有一定特异性；

（2）所选择的生物标志物必须具有关联性，即监测标志物的水平与外接触水平或疾病要有剂量－反应（效应）关系，而且在无害效应接触水平下仍能维持这种关系；

（3）有一定的灵敏度及准确度的检测方法；

（4）样品的稳定性能满足样品运输和检测的需要；

（5）取样非创伤性，便于现场使用，且成本适宜。

3. 空白要求

在样品采集的过程中，同时制备3套样品空白；血液样品空白为用采血针模拟采集去离子水加入采血管中，尿液样品空白为模拟采集去离子水加入尿液容器中，并与样品同时运输和储存。每批样品检测的同时应检测样品空白进行校验，目的是用其检测结果排除样品采集过程可能引入的污染。

（二）生物样品的运输和保存

尿液应在检测比重或肌酐后再按照标准方法要求加入防腐剂。当日样品采集完毕后应及时核对样品有关信息并检查样品性状。

采集的样品按照标准方法要求进行储存，采集后的样品一般应在低于8℃条件下冷藏运输。在样品保存期内进行检测。

（三）生物样品的测定

1. 基本原则

（1）同一个生物监测指标如果有两个及以上的标准检测方法时，可根据设备及技术条件选择方法使用，但以第一法为仲裁法。

（2）标准方法中的仪器设备条件为参考条件，实验室可根据所采用的仪器设备情况进行适当的调整，以满足方法技术指标的要求。

（3）当检测少量样品（一般少于5个）时，可依据标准方法采用标准加入法进行定量检测。

（4）实验室应对方法的主要技术指标（方法测定范围、方法准确度、方法精密度、方法检出限、方法定量下限）进行确认，并满足标准方法的技术要求。

2. 检测过程的质量控制

（1）方法检出限。

以预估方法定量下限（参照标准方法定量下限）相应信号的3倍标准差（测定次数≥6），用已知低剂量待测物的量与其相应信号进行单点校正，所得待测物的量，按照方法取样量的要求换算成样品中待测物的量，即为方法检出限（MDL）。分光光度法也可采用以0.01吸光光度值用已知低剂量待测物的量与吸光光度值进单点校正，所得待测物的量，按照方法取样量的要求换算成样品的量，即为方法检出限（MDL）。

（2）方法定量下限。

以预估方法定量下限（参照标准方法定量下限）相应信号的10倍标准差（测定次数≥6），用已知低剂量待测物的量与其相应信号进行单点校正，所得待测物的量，按照方法取样量的要求换算成样品中待测物的量，即为方法定量下限（MQL）。分光光度法也可采用以0.02吸光光度值用低剂量的浓度（或含量）与吸光光度值进行单点校正，所得的待测物的浓度（或含量），按照方法取样量的要求换算成样品的浓度（或含量），即为方法定量下限（MQL）。

（3）样品的分析质量控制。

应采用但不限于下列方法之一进行质量控制：①采用两个剂量水平、基质相同的标准物质进行质量控制，标准物质检测结果应在给定的参考值或允许的不确定度范围内；②采用两个剂量水平、基质相同的质量控制样品对检测过程进行质量控制，质量控制样品的检测结果应在参考值的范围内；③采用样品加标回收的方法进行质量控制，将两个剂量水平（样品水平的 0.5~2 倍）的待测物的量加至样品中，加标回收率应符合检测标准方法的要求，详见《职业人群生物监测方法　总则》（GBZ/T 295—2017）。

3. 实验室间质量控制

生物监测会在多个实验室共同协作下进行，尤其是大样本生物监测研究。为了确保监测数据有可比性，需进行实验室间质量控制。实验室间质量控制是在实验室内部质量控制的基础上进行的，是由上一级实验室对下级实验室提供质控样品或盲样，检验结果由分发质控样品或盲样的实验室进行统计评价，以考核实验室检测质量。一般通过监督、考核和资质认证的形式对实验室实施有效的外部质量控制。通过分析比较，可发现实验室内部不易察觉的溯源标准、仪器性能、操作以及试剂等产生的误差。

实验室间比对与能力验证是判断和监控实验室能力的有效手段。实验室间比对是由两个或多个实验室对相同或类似的测试样品进行检验的组织、实施和评价，从而确定实验室能力、识别实验室存在的问题与实验室间的差异。能力验证是利用实验室间比对，按照预先制订的准则评价实验室的检测能力。当有的量值溯源尚难实现或无法实现时，可利用能力验证来表明测量结果的可信性。

（四）生物检测结果的报告和评价

样品检测结果的计算和修约依据《数值修约规则》（GB/T 8170—2019）进行，样品检测结果原则上应比职业接触生物限值多保留一位小数。实验室内样品重复或平行检测数据，依据格拉布斯法或狄克逊法删除异常值，检测结果应取算术平均值。当样品的检测结果低于方法定量下限时，应报低于方法定量下限，并标注方法定量下限。当样品的检测结果低于方法检出限时，应报未检出或低于检出限，并标注方法检出限。样品的检测结果应按照职业接触生物限值的单位进行表述。结果报告应包含样品性状、溯源标准、检测仪器、校准曲线相关系数结果、样品空白结果、质量控制、平行样检测和样品检测结果等内容。

检测结果的评价指标是我国发布的职业接触生物限值；若我国尚未发布职业接触生物限值的，可以参照国内外公认的职业接触生物限值。在进行职业接触评价时，要排除非职业接触的影响，还要考虑个体差异。

1. 生物接触限值即生物作用水平，是为发现和评价劳动者潜在的健康危害而制定的参考值

（1）职业生物接触限值（biological exposure limit，BEL）：是对接触职业性有害因素的劳动者的生物材料样品中有毒物质或其代谢产物、生物效应等推荐的最高容许量值。当生物监测值在其推荐值范围之内时，绝大多数的劳动者不会出现不良健康影响。我国《工作场所有害因素职业接触限值　第 1 部分：化学有害因素》（GBZ 2.1—2019）已颁布了 28 种化合物职业接触生物限值。

（2）生物接触指数（biological exposure indices，BEIs）：是生物监测结果评估的参考值，代表大多数健康劳动者经吸入暴露于某化合物的 TLV（Threshold Limit Values，阈值限值，表示当某种气体在空气中的含量小于这一阈值时，充分且持续暴露于该环境中的劳动者的健康不会受到损害）浓度后，在生物样品中能检测到观察指标的量。BEIs 为作业环境测定的辅助工具，不作为判定身体有无不良健康效应或职业病诊断用。BEIs 可视为群体内暴露剂量的平均值，由于个体差异，常会出现超

过 BEL 的现象。

（3）生物耐受限值（biological work substance tolerance values，BAT Values）：该标准由德国研究联合会制定，每年更新。BAT 是指职业接触人群的生物材料中某一化学物质或其代谢物的最高容许量，或由该物质引起的某些生化指标与正常参考值偏离所容许的范围。在职业健康检查领域，BAT 值的目的是保护在工作场所劳动者的健康不受损害，在诊断上必须具有足够的特异性和灵敏性。

2. 个体评价

生物样品检测结果与相应的职业生物接触限值进行比较，即使生物样品检测结果低于生物监测限值，也不能保证所有劳动者都没有有害健康效应产生。必须注意，由于个体对有害物质存在易感性和变异性，可将其最近监测结果与该个体前期监测结果相比较。

3. 群体评价

生物样品检测结果可以在群体基础上进行比较，即通过群组数据的统计学分布来作出评价，报告时应描述此群体的几何数、几何标准差、范围。如果所有测定值都低于生物接触限值，可认为工作环境是安全的，如果全部或大部分测定结果都超过生物接触限值，说明职业接触环境需改善。

三、生物样品检测在职业健康检查中的意义

职业健康检查中生物样品检测往往是不可缺少的项目，主要应用于以下几个方面。

1. 评价不同途径（呼吸道、消化道和皮肤）和不同来源（职业和非职业）接触水平

在生产环境中劳动者接触方式往往是多途径的，所接触的毒物又往往是混合物，接触时间可连续、可间断，生物监测就比环境监测更显优越和重要。此外，劳动者除职业接触外，常有非职业接触的可能，如评价镉的接触时，必须考虑吸烟、饮食等因素的影响。

2. 分析主要接触途径和评价工作场所环境控制及劳动者防护措施效果

如选择同一工种劳动者，一部分佩戴呼吸防护用品，另一部分不加任何防护，比较两组生物监测标志物含量即可估计该条件下劳动者接触毒物的主要途径。对于皮肤防护和卫生教育效果评价应用生物监测来评价更为恰当。

3. 对潜在职业危害和健康危险度的评估

如可溶性六价铬盐进入人体后，可同时分析红细胞中铬含量用于评价六价铬的暴露、尿中铬含量用于评价总铬的接触，以及外周血 DNA 链断裂、8-OHdG 的含量用于评价遗传损伤，从而为铬盐接触危险度评价提供了精确的暴露资料。

4. 早期生物效应的识别

早期生物效应标志物有利于早期发现职业性有害因素对职业人群的健康损害，以便早期采取措施阻止或延缓损害进一步发展。如血和尿等生物材料中化学物或其代谢产物的检测，不仅可检出过量接触和吸收化学物的劳动者，用作筛检指标，而且可为评价劳动条件及职业病危害因素对健康的影响提供依据。例如，接触铅的劳动者健康监护项目中，通常包括血铅、尿铅、红细胞游离原卟啉或锌卟啉、尿 δ- 氨基 -γ- 酮戊酸测定等。

5. 易感人群的筛选

易感性生物标志物反映了机体接触有害物质后发生毒性反应的危险性，可用于识别和筛选对某

种特定有害物质易感的个体，从而保护这些个体，避免或尽量减少接触。大多数易感性生物标志物属于分子生物标志物，如δ-氨基-乙酰丙酸脱水酶Ⅱ型（ALAD2）者的靶组织（神经和血液系统）对铅更易受累。我国尚未将易感性的生物标志物检查列入就业医学检查的必检项目。随着技术的进步和对健康要求的提高，今后易感性的生物标志物在健康监护中的应用会逐渐增多。

（李　鹏）

第四节　我国开展生物监测与生物标志物研究现状

一、我国生物监测研究现状

（一）生物样品监测研究现状

我国自20世纪50年代开始对职业人群的生物样品开展检测工作。但我国生物监测工作中真正引入质量保证概念始于20世纪80年代，我国参与由WHO/UNEP组织的全球环境监测规划（global environmental monitoringsystem，GEMS）中的生物监测规划，该规划采用了严格的质量保证措施。1990年，我国职业卫生专家制定了《生物样品中有毒物质或其代谢物测定方法研制准则（尿样及血样）》；1995年，原卫生部结合我国实际情况研制了《生物监测质量保证规范》（GB/T 16126—1995）并沿用至今。我国首批职业接触生物限值（有毒物质6种，监测指标8个）由原卫生部批准和发布，并于1999年7月1日起实施。截至2000年6月，我国陆续研制了对接触42种化学毒物的劳动者生物标志物监测，并规定了72种统一的规范化测定方法。2006年，我国颁布《职业卫生生物监测质量保证规范》（GBZ/T 173—2006），对标本采集进行了规范，明确规定了静脉采血部位、采血部位处理、采血后血样处理以及尿样采集要求等，有力地推动了我国职业卫生生物监测工作。

近年来，随着现代生物技术的迅速发展、对生命过程认识的不断深入，我国基础医学科学及应用科学得到了长足进步，如基因组学、蛋白组学、代谢组学、金属组学、暴露组学及ICP-MS、GC-MS、LC-MS等先进技术和设备的发展，为生物标志物和生物监测的研究奠定了基础。《职业人群生物监测方法　总则》（GBZ/T 295—2017）由国家卫生健康委批准并发布，该标准的发布标志着我国职业人群生物监测标准方法体系的建立。它规定了职业病危害因素接触者生物样品中生物监测指标检测的实验室基本要求、方法的选择与证实、实验用品、溯源标准和标准物质的选择及应用、生物样品的采集、运输和储存、检测过程质量控制、数据处理与结果表述等。

《工作场所有害因素职业接触限值　第1部分：化学有害因素》（GBZ 2.1—2019）对已发布的卫生行业标准职业接触生物限值及标准检测方法进行了确认，增加近年审定通过的13种职业接触生物限值以及生物材料检测及生物监测质量要求，汇总并列出28种生物监测指标和接触限值，见表4-1。

目前已获得国家卫生健康委推荐的生物样品化学物质测定标准方法有63种，主要集中在生物样本中的金属、苯、酚类等物质及其代谢物的分析。与国外相比，我国生物监测标准方法监测指标数量少，监测范围有限，且大部分物质未能进行多组分同时分析。部分职业性有害因素有限值但无相应检测方法，以及缺少配套的系统性职业接触评估标准、导则、指南等，见表4-2。

表 4-1　常见职业接触生物限值及检测方法

接触的化学有害因素		生物监测指标		职业接触生物限值	检测方法	采样时间
中文名	英文名	中文名	英文名			
氨基甲酸酯	Carbamate	全血胆碱酯酶活性测定	Cholinesterase activity of whole blood（correction value）	原基础值或参考值的 70%	分光光度法	不做严格规定
苯	Benzene	尿中苯巯基尿酸	S-phenylmercapturic acid in urine（S-PMA）	47 μmol/mol Cr（100 μg/g Cr）	高效液相色谱法	工作班后
		尿中反－反式粘糠酸	t,t-muconic acid（tt-MA）in Urine	2.4 mmol/mol Cr（3.0 mg/g Cr）	液相色谱质谱法	工作班后
苯的氨基与硝基化合物	Amino or nitro compounds of benzene	高铁血红蛋白浓度	Concentration of methemoglobin	2%~5%	比色法	暴露 5 小时内
1,2- 二氯乙烷	1,2-Dichloroethane	血中 1,2- 二氯乙烷	1,2-dichloroethane in blood	—	气相色谱－质谱法	不做严格规定
二硫化碳	Carbon disulfide	尿中 2－硫代噻唑烷 -4- 羧酸	2-Thiothiazolidine-4-carboxylic acid（TTCA）in urine	1.5 mmol/mol Cr（2.2 mg/g Cr）	高效液相色谱法	工作班末或接触末
酚	Phenol	尿中总酚	Total phenol in urine	150 mmol/mol Cr（125 mg/g Cr）	气相色谱法	工作周末的班末
氟及其无机化合物	Fluorides and its inorganic compounds	尿中氟	Fluorides in urine	42 mmol/mol Cr（7 mg/g Cr）	离子选择电极法	工作班后
				24 mmol/mol Cr（4 mg/g Cr）		工作班前
镉及其无机化合物	Cadmium and inorganic compounds	尿中镉	Cadmium in urine	5 μmol/mol Cr（5 g/g Cr）	石墨炉原子吸收光谱法或电感耦合等离子体质谱法	不做严格规定
		血中镉	Cadmium in blood	45 nmol/L（5 μg/L）	石墨炉原子吸收光谱法或电感耦合等离子体质谱法	应急健康检查
铬及其无机化合物	Chromium and inorganic compounds	尿中铬	Chromium in urine	1.9 μmol/L（100 μg/L）	石墨炉原子吸收光谱法	不做严格规定
汞及其无机化合物	Mercury and inorganic compounds	尿中总汞	Total inorganic mercury in urine	20 μmol/mol Cr（35 μg/g Cr）	冷原子吸收光谱法（尿中汞的碱性氯化亚锡还原或选择性还原）	接触 6 个月后工作班前
		尿 $β_2$- 微球蛋白（$β_2$-MG）	$β_2$-microglobulin in urine	<0.3mg/L	免疫比浊法	—

续表

接触的化学有害因素		生物监测指标		职业接触生物限值	检测方法	采样时间
中文名	英文名	中文名	英文名			
甲苯	Toluene	尿中马尿酸	Hippuric acid in urine	1 mol/mol Cr（1.5g/g Cr）	高效液相色谱法	工作班前
				11 mmol/L（2.0g/L）		工作班末（停止接触后）
铅及其化合物	Lead and compounds	血中铅	Lead in blood	1.9 μmol/L（400μg/L）	石墨炉原子吸收光谱法、电感耦合等离子体质谱法、原子荧光光谱法	接触3周后的任意时间
		尿中铅	Lead in urine	0.34μmol/L（70μg/L）	石墨炉原子吸收光谱法	接触1个月后的任意时间
氰及腈类化合物	Cyanide and nitrile	尿硫氰酸盐	Thiocyanate in urine	—	吡啶－巴比妥酸分光光度法	不做严格规定
三氯乙烯	Trichloroethylene	尿中三氯乙酸	Trichloroacetic acid in urine	0.3 mmol/L（50 mg/L）	顶空气相色谱法	工作周末的班末
三硝基甲苯	Trinitrotoluene	网织红细胞	reticulocyte	0.5%~1.5%［绝对值（24~84）$\times 10^9$/L］	光学显微镜法、流式细胞法	接触4个月后任意时间
三烷基锡	Trialkyltin	尿中三甲基氯化锡	trimethyltin chloride（TMT）in urine	—	气相色谱法、气相色谱－质谱法	不做严格规定
砷	Arsennic	尿中砷	Arsennic in urine	—	氰化物发生原子荧光法、液相色谱－原子荧光法	不做严格规定
铊及其无机化合物	Thallium and inorganic compounds	尿中铊	Thallium in urine	20μg/g Cr	原子吸收光谱法	不做严格规定
锑及其化合物	Antimony and its compounds	尿中锑	Antimony in urine	85μg/L	原子荧光光谱法	工作班末
五氯酚	Pentachlorophenol	尿中总五氯酚	Total pentachlorophenol in urine	0.64 mmol/mol Cr（1.5 mg/g Cr）	高效液相色谱法	工作周末的班末
溴丙烷	Bromopropane	尿中1－溴丙烷	1–Bromopropane in urine	20μg/L	顶空－气相色谱法	工作班后
一氧化碳	Carbon monoxide	血碳氧血红蛋白	Carboxyhemoglobin in blood	5% HbCO	分光光度法	工作班末
有机磷	Organophosphorus	全血胆碱酯酶活性测定	Cholinesterase activity of whole blood（correction value）	原基础值或参考值的70 %	分光光度法	开始接触后3个月内，任意时间
				原基础值或参考值的50 %		持续接触3个月后，任意时间

注：Cr，肌酐英文名称 Creatinine 的缩写。

表 4-2　生物样品化学毒物规范化测定方法

标准号	标准名称
GBZ/T 295—2017	《职业人群生物监测方法　总则》
GBZ/T 254—2014	《尿中苯巯基尿酸的高效液相色谱测定方法》
GBZ/T 286—2016	《血中 1,2- 二氯乙烷的气相色谱 - 质谱测定方法》
GBZ/T 335—2024	《尿中三氯乙酸测定标准　顶空气相色谱法》
GBZ/T 302—2018	《尿中锑的测定　原子荧光光谱法》
GBZ/T 303—2018	《尿中铅的测定　石墨炉原子吸收光谱法》
GBZ/T 306—2018	《尿中铬的测定　石墨炉原子吸收光谱法》
GBZ/T 307.1—2018	《尿中镉的测定　第 1 部分：石墨炉原子吸收光谱法》
GBZ/T 307.2—2018	《尿中镉的测定　第 2 部分：电感耦合等离子体质谱法》
GBZ/T 308—2018	《尿中多种金属同时测定　电感耦合等离子体质谱法》
GBZ/T 310—2018	《尿中 1- 溴丙烷的测定　顶空 - 气相色谱法》
GBZ/T 313.1—2018	《尿中三甲基氯化锡的测定　第 1 部分：气相色谱法》
GBZ/T 313.2—2018	《尿中三甲基氯化锡的测定　第 2 部分：气相色谱 - 质谱法》
GBZ/T 316.1—2018	《血中铅的测定　第 1 部分：石墨炉原子吸收光谱法》
GBZ/T 316.2—2018	《血中铅的测定　第 2 部分：电感耦合等离子体质谱法》
GBZ/T 316.3—2018	《血中铅的测定　第 3 部分：原子荧光光谱法》
GBZ/T 317.1—2018	《血中镉的测定　第 1 部分：石墨炉原子吸收光谱法》
GBZ/T 317.2—2018	《血中镉的测定　第 2 部分：电感耦合等离子体质谱法》
WS/T 89—2015	《尿中氟化物测定　离子选择电极法》
WS/T 25—1996	《尿中汞的冷原子吸收光谱测定方法（一）碱性氯化亚锡还原法》
WS/T 27—1996	《尿中有机（甲基）汞、无机汞和总汞的分别测定方法　选择性还原 - 冷原子吸收光谱法》
WS/T 30—1996	《尿中氟的离子选择电极测定方法》
WS/T 39—1996	《尿中硫氰酸盐的吡啶 - 巴比妥酸分光光度测定方法》
WS/T 40—1996	《尿中 2- 硫代噻唑烷 -4- 羧酸的高效液相色谱测定方法》
WS/T 42—1996	《血中碳氧血红蛋白的分光光度测定方法》
WS/T 49—1996	《尿中苯酚的气相色谱测定法（一）液晶柱法》
WS/T 50—1996	《尿中苯酚的气相色谱测定方法（二）FFAP 柱法》
WS/T 53—1996	《尿中马尿酸、甲基马尿酸的高效液相色谱测定方法》
WS/T 61—1996	《尿中五氯酚的高效液相色谱测定方法》
WS/T 66—1996	《全血胆碱酯酶活性的分光光度测定方法　羟胺三氯化铁法》
WS/T 67—1996	《全血胆碱酯酶活性的分光光度测定方法　硫代乙酰胆碱 - 联硫代双硝基苯甲酸法》
WS/T 89—2015	《尿中氟化物测定　离子选择电极法》
WS/T 97—1996	《尿中肌酐分光光度测定方法》
WS/T 98—1996	《尿中肌酐的反相高效液相色谱测定方法》
WS/T 474—2015	《尿中砷的测定　氢化物发生原子荧光法》
WS/T 635—2018	《尿中砷形态测定　液相色谱 - 原子荧光法》

（二）生物监测开展现状

我国全国性人体生物监测起步较晚，2009—2010 年对全国 8 个省份的 24 个市县 18000 名年龄在 6~60 岁的非职业接触人群开展了重金属、有机磷、有机物等共 60 种化学物负荷水平调查，首次提出了我国这一时期人群中血液和尿液中 30 种金属和类金属、15 种农药和除草剂、7 种挥发性有机代谢产物的人体负荷水平。这为相关的研究工作提供了比较和参照的基线数据，为相关毒物的风险评估提供了内暴露评价的基准，并为相关标准的制定和修改提供了全国范围的数据资料。

2015 年，通过中央财政转移支付地方重大公共卫生服务项目支持开展，流行病学调查和采集血、尿样本进行检测分析来获取人体暴露负荷的数据信息，建立环境暴露人体生物样本库和生物样本信息库，目的是掌握重点环境化学物在我国居民体内的暴露种类、负荷水平及变化趋势。目前该项目分别于 2016 年、2019 年进行过两轮调查，现正在进行第三轮。虽然在国家卫生健康委的领导下，我国对职业接触人群的生物监测及生物标志物研究有了长足进步，但也要认识到，生物监测结果与工作场所职业危害监测及控制评价如何能真正融合是职业健康相关学科需要认真研究和探索的方向。

二、生物标志物及其发展方向

（一）生物标志物的分类

目前根据其功能，生物标志物可分为 3 大类。

1. 接触性生物标志物（biomarker of exposure）

反映机体生物材料与外源性物质及其代谢产物或外源性物质与某些靶细胞或靶分子相互作用产物的含量。接触性生物标志物可进一步分为反映内剂量（internal dose）和生物效应剂量（biologically effective dose）的两类标志物。

内剂量表示吸收到体内的外源性物质含量，包括人体体液、分泌物、排泄物、毛发、指甲、细胞、组织中原形或者代谢产物的含量，是外源化学物在生物体内已经发生和正在继续的接触指示剂，通过测定生物体内某一特定组分的化学物或其代谢物来实现。例如，血铅和血镉浓度可分别作为接触铅和镉的内剂量，尿三氟乙酸和 2- 硫代噻唑烷 -4- 羟酸浓度可分别作为接触三氟乙烯和二硫化碳的内剂量。

生物效应剂量指达到机体效应部位（组织、细胞和分子）并与其相互作用的外源性物质或其代谢产物的含量，是靶分子或靶细胞部位的接触指示剂，它可通过测定组织或体液中的特殊加合物（DNA、血红蛋白、白蛋白加合物）来实现。

2. 效应生物标志物（biomarker of effect）

指机体中可测出的生化、生理、行为或其他改变的指标。其又可进一步分为反映早期生物效应、结构和（或）功能改变以及疾病 3 类标志物。前两类效应生物标志物对预防具有重要意义，而疾病标志物有助于疾病的早期发现、诊断和治疗措施的选择，以及预测疾病的结局和预后。

3. 易感性生物标志物（biomarker of suscepti-bility）

反映机体先天具有或后天获得的对接触外源性物质产生反应能力的指标，如有害物质在接触者体内代谢、免疫及靶分子的基因多态性，属遗传易感性标志物。在预防医学领域，易感性生物标志物的主要用途为筛选高（危）敏感人群，采取针对性的预防和保护措施。

（二）生物标志物的检测技术

生物标志物的检测范围极其广泛，从分子水平一直到功能改变。传统的检测方法主要有分光光度法、原子吸收分光光度法、气相色谱法和高效液相色谱法。这些方法大多只能检测单一指标。随着分析技术的不断进步，现在高能量、多指标、灵敏且自动化程度高的检测新技术不断涌现。

1. 电感耦合等离子体质谱法（ICP-MS）

ICP-MS 是 20 世纪 80 年代开始发展起来的一种多元素同时分析技术，不仅具有很高的灵敏度，而且具有快速的分析能力，它可以测定元素周期表中大多数元素及其同位素，检测限可低至纳克/升（ng/L）水平。ICP-MS 已广泛应用于各个分析领域，在生物材料样品如血液、尿液、唾液和头发中微量元素、重金属、非金属元素，特别是元素的形态分析等方面已有很好的应用。

2. 气相色谱 - 质谱（GC-MS）

GC-MS 结合了气相色谱对挥发性稳定化合物的分离能力与质谱很强的组分定性能力。在呼气中挥发性有机化合物的检测，人体脂肪组织有机氯农药、多氯联苯、多环芳烃化合物的检测，唾液和尿中尼古丁及其代谢产物可替宁的检测，以及生物材料中部分持久性有机污染物（POPs）的检测中已有广泛应用。毛细管气相色谱结合高分辨率串联质谱可用于生物材料中二噁英及其代谢产物的分析。

3. 液相色谱 - 质谱法（LC-MS）

LC-MS 结合了液相色谱对热不稳定性及高沸点化合物的高分离能力和质谱很强的组分定性能力，是一种分离分析复杂有机混合物的高效分析技术。现在 LC-MS 已发展到液相色谱与多级串联质谱相连，在生物材料检测中的应用也越来越广泛，如血清、乳汁、尿液及脂肪组织中环境雌激素及其代谢产物的测定，以及代谢组学、蛋白质组学等的研究。

4. 高效毛细管电泳法（HPCE）

其以弹性石英毛细管为分离通道，以高压直流电场为驱动力，依据样品中各组分之间淌度和分配行为上的差异而实现被测组分的分离。毛细管电泳结合高灵敏的激光诱导荧光或质谱检测技术，使生物中单细胞，甚至单分子的检测成为可能。高效毛细管电泳法在生物材料检测中的应用也越来越多，如 DNA 加合物的检测、组织和血液中有毒有机代谢产物等的检测。

5. 微流控芯片法（microfluidic chip）

以微通道网络为结构特征，将反应、分离、检测等过程集成于微芯片上，可用于生物材料中化学物质的快速分离检测。其分离效率高，试样与试剂消耗量小、功能齐全、携带方便。已有文献报道，用微流控芯片法检测苯乙烯的易感性生物标志物等。

6. 生物传感器（biosensor）

生物传感器对体内某些物质敏感并可将其浓度或含量转换为电信号，根据电信号的强弱对这些敏感物质进行定量检测。生物传感器结构一般包括一种或数种相关生物活性材料（如酶、蛋白质、DNA、抗体、抗原、生物膜等）及能把生物活性表达的信号转换为电信号的传感器，是物质分子水平的快速、微量分析方法。

7. 核酸适体（aptamer）技术

核酸适体是经体外筛选技术筛选出的、能与蛋白质或其他小分子物质的寡聚核苷酸片段特异结合的一系列单链核酸分子，其对能结合的靶分子具有高度特异性的亲和力。而且，适体可特异性与靶分子结合，可不分离纯化样品。核酸适体技术在生物传感器及纳米技术等方面有着广泛用途。如能够从微量血液和尿液中检测出上千种蛋白质，能实现对复合靶分子及微量蛋白质的简便、快速、灵敏、准确的高通量检测，应用核酸适体技术筛选肿瘤标志物等。

（三）问题和展望

生物标志物在职业医学的研究和实际应用中的作用近年来备受重视。目前，我国生物标志物研究集中表现在以下 3 个方面：一是以遗传变异为切入点，研究环境因素与基因组相互作用所产生的健康效应，探索易感性生物标志物：二是从环境有害因素入手，研究其与种群、个体、器官、组织、细胞和分子的交互作用所产生的效应，发展接触和效应生物标志物；三是整合机制研究和生物标志物研究，建立和提出以机制为基础的预防控制的策略、途径和方法，加速职业接触生物限值卫生标准的制定和推广应用。但迄今尚无统一的原则来选择生物标志物以说明“剂量”，也无公认的标准可从现有大量的接触指标中，选择与化学物中毒有关的，并可预测健康损害的生物标志物。有关接触水平与靶部位及效应之间的剂量 – 反应关系资料则更少。因此，生物标志物的研究和应用仍有大量艰巨工作需要做。这不仅需要分析化学、分子生物学、毒理学等实验室科技人员加倍努力，还需职业病临床、职业卫生和流行病学等现场专业技术人员的通力合作、协同工作。

（李 鹏）

05

第五章　职业健康检查质量控制

第一节　职业健康检查质量管理体系与质量管理

近年来职业健康检查质量控制工作不断受到重视。在 2019 年 2 月 28 日修订的《职业健康检查管理办法》中，新增了“省级卫生健康主管部门应当指定机构负责本辖区内职业健康检查机构的质量控制管理工作，组织开展实验室间比对和职业健康检查质量考核”条款。随后《职业健康检查质量控制规范（试行）》由中国疾病预防控制中心印发，规定了职业健康检查工作全过程质量管理和质量控制的基本要求，分别明确了职业健康检查机构、质量控制机构的职责和工作要求。2023 年 2 月 22 日，国家卫生健康委办公厅印发《医疗质量控制中心管理规定》(国卫办医政发〔2023〕1 号)，发布了首批规划设置的质控中心清单，分为 3 大类 6 个领域 60 个具体方向，其中“职业病方向”作为临床类重大疾病领域列于其中。同时将质控中心分为国家级质控中心、省级质控中心、市（地）级质控中心和县（区）级质控中心（组），希望组建全国性质量控制网络。目前，我国大部分省级行政区已建立了职业健康检查质量控制机构，部分市（地）级职业健康检查质控中心也陆续成立，职业健康检查质量控制工作管理和工作机制不断健全完善。

一、医疗质量及医疗质量控制

医疗质量是指在现有水平及能力、条件下，医疗机构及其医务人员在临床诊断及治疗过程中，按照职业道德及诊疗规范要求，给予患者医疗照顾的程度。医疗质量控制是指按照医疗质量形成的规律和有关法律、法规要求，运用现代科学管理方法，对医疗服务要素、过程和结果进行管理与控制，以实现医疗质量系统改进、持续改进的过程。

医疗质量控制工作在国外起步较早，通常由全国性医学相关专业学会或协会负责制定质控标准，并予以实施。2009 年，原卫生部印发《医疗质量控制中心管理办法（试行）》(卫医政发〔2009〕51 号)，对国家级、省级医疗质量控制中心建设的规划、设置、考核、管理等方面作出了若干规定。2016 年 9 月，原国家卫生计生委发布《医疗质量管理办法》，旨在通过顶层制度设计，进一步建立完善医疗质量管理长效工作机制。该办法明确由原国家卫生计生委负责建立国家医疗质量管理控制体系，各级卫生健康行政部门组建或指定各医疗质控组织，各级各类医疗机构是医疗质量管理的第一责任主体。

医疗质量不仅要考虑服务结果，还要涉及服务过程，是服务能满足规定和潜在需求的特征和特性的总和，是使患者满意而必须提供的最低服务水平，以及保持这一预定服务水平的连贯性程度。医疗质量控制中心设立的目的，就是要对各医疗机构的医疗服务质量进行控制，通过采用各种质量控制的作业技术和活动，监视整个医疗服务质量的形成过程，消除质量环节上所有引起不合格或不满意效果的因素，以达到最终的医疗质量与医疗安全要求。

二、职业健康检查质量管理体系

职业健康检查质量管理是保证职业健康检查质量的基础，建立完善的职业健康检查质量管理体系并确保体系持续有效运行是职业健康检查机构的根本职责。职业健康检查质量管理体系建设包括组织架构、资源管理、内部质量管理、档案管理、信息化建设、外部质量管理等方面的要求。

（一）组织架构

职业健康检查机构应具有明确的组织和管理机构，并明确质量控制、技术运行和支持服务之间的关系。

（二）资源管理

职业健康检查机构技术人员的配置，职业健康检查场所、候检场所、检验室等的设置应符合《职业健康检查管理办法》《职业健康检查质量控制规范（试行）》，以及各省《职业健康检查机构备案管理办法》的相关要求。职业健康检查仪器、设备等与备案开展职业健康检查类别、项目和检测能力相适应，并按照有关法律法规、标准要求进行计量、校准和检定；职业健康检查和实验室检测能力应当符合 GBZ 188 等标准和技术规范的要求。

（三）内部质量管理

职业健康检查机构在建立健全职业健康检查质量管理制度的基础上，对职业健康检查技术服务合同、报告审核、授权签发、专用章使用、检验室管理、仪器使用、人员培训、档案管理、安全与环境管理、职业健康检查流程（检前、检中、检后）、疑似职业病报告等重要环节分别制定详细的质量管理分项制度以及相关的标准化操作程序，是提高职业健康检查质量的内生动力。

（四）档案管理

职业健康检查档案应依据《职业健康检查管理办法》和 GBZ 188 的相关要求与内容，制定管理细则并严格执行。

（五）信息化建设

应建立职业健康检查信息系统，需满足职业健康检查数据收集、储存、统计分析和汇总报告工作，并便于劳动者查询个人相关信息；通过本辖区内职业健康信息平台，按相关要求完成重点职业病监测数据上报；通过国家职业病及健康危害因素监测信息系统上报疑似职业病信息；并按《职业病防治法》和《职业健康检查管理办法》的要求向卫生健康行政部门报告疑似职业病信息。同时应建立信息化管理制度，做好网络安全预案。

（六）外部质量管理

职业健康检查机构所有开展业务工作的质量控制体系、文件、运行情况都应接受外部质量检查，当然还包括检验室开展外部质量控制工作，如实验室间比对、能力验证等。另外，设有放射、临床检验等科室的职业健康检查机构，须接受相关专业质控机构考核。放射、临床检验工作是职业健康检查工作的基础内容，其质量直接影响职业健康检查结果。

三、职业健康检查质量管理

职业健康检查机构通过对职业健康检查工作进行全过程质量管理，以确保职业健康检查质量。职业健康检查全过程质量管理应当包括职业健康检查前、检查中、检查后等工作环节的质量控制。

（一）职业健康检查检前质量控制

1. 受检者基本信息

职业健康检查机构从用人单位获取受检人员信息后，应建立登记表，内容应包括但不限于：姓名、性别、年龄、身份证号码、工种、工龄、联系方式等，并由受检者签名；登记信息应录入职业健康检查信息系统。

2. 职业危害接触资料

由用人单位提供受检人员的职业接触资料，包括接触职业病危害因素的种类、时间以及职业病危害因素检测资料。职业健康检查机构应依据 GBZ 188 等技术规范的要求，结合用人单位提供的职业危害接触资料，确定受检人员的职业危害接触情况。

3. 检查种类

职业健康检查机构应根据用人单位提供的受检者接触职业病危害因素的接触资料，按照 GBZ 188 的要求，确定职业健康检查种类（上岗前、在岗期间、离岗时），必要时可开展应急健康检查和离岗后医学随访。

4. 检查项目

主检医师应根据受检者接触的职业病危害因素，按照 GBZ 188 的要求，确定职业健康检查项目。

5. 签订委托协议

职业健康检查机构在检查前应与用人单位签订委托协议，内容应当包括：职业健康检查类别、劳动者接触职业病危害因素名称、检查项目（必检项目、选检项目 / 补充检查项目）、检查人数、检查日期、用人单位机构统一社会信用代码、联系人、联系方式、收费标准、收费方式、报告发放的时间及方式、对发现目标疾病、重要异常结果（危急值）的告知时间和方式等，并明确协议双方法律责任。如增加检查项目，应在委托协议中注明。

（二）职业健康检查检中质量控制

1. 确认受检者身份

职业健康检查时应对受检者身份进行实名确认，可采用身份证识别和拍照等记录存档。

2. 既往史询问

询问以往职业病危害因素接触相关情况，以及受检者既往病史、家族史、生活史等。

3. 体格检查

根据受检者接触的职业病危害因素开展相应的专科检查，检查医师应记录签名，具备条件的可电子签名。

4. 生物样本采集

应具有独立的场所，符合生物样本采集及院内感染控制要求。

5. 实验室及辅助检查

职业健康检查机构应按照《医疗机构临床实验室管理办法》有关规定开展临床实验室检测；职业卫生生物样本监测应符合《职业人群生物监测方法　总则》（GBZ/T 295—2017）；纯音听阈测试应符合《声学　测听方法　第 1 部分：纯音气导和骨导测听法》（GB/T 16296.1—2018）；放射诊疗应符合《放射

诊断放射防护要求》(GBZ 130—2020)、《电离辐射防护与辐射源安全基本标准》(GB 18871—2002)。

(三)职业健康检查检后质量控制

(1)职业健康检查机构发现疑似职业病患者时，应当告知劳动者本人并及时通知用人单位，同时向所在地卫生健康行政部门报告。发现职业禁忌证时，应当及时告知用人单位和劳动者，并有书面记录。

(2)职业健康检查机构应依据 GBZ 188、GBZ 98 的要求和委托协议，及时完成职业健康检查个体结论报告和总结报告，并有书面发放、签收记录。

(3)职业健康检查个体结论报告应符合以下要求：①首页包含用人单位名称、地址、联系电话等基本信息；②受检者信息表内容无缺项；③各项体格检查、实验室及辅助检查结果记录完整、规范，并有签名；④主检医师应按照 GBZ 188、GBZ 98 相关要求审核职业健康检查个体结论报告并签章(或电子签章)；⑤职业健康检查机构名称、地址、联系电话、咨询联络方式等信息完整。

(4)职业健康检查总结报告由主检医师审核签章(或电子签章)，内容符合职业健康检查相关技术规范的要求，并加盖机构的职业健康检查专用章，并明确职业健康检查周期。

(张静波)

第二节 职业健康检查信息化管理

一、职业健康检查信息化管理概述

党中央和国务院高度重视职业健康工作，2002 年 5 月 1 日颁布《职业病防治法》及其配套规章，为职业健康检查信息化管理提供了坚实的政策基础和法律保障。近年来，科学技术的快速发展，尤其是云计算、大数据、人工智能等新兴技术的应用，为职业健康检查信息化提供了强大的技术支撑和广阔的发展空间。

经济全球化背景下产业升级和劳动方式的变革，都对职业健康检查提出了更高的要求。传统的职业健康检查方式已难以满足现代社会的需求，亟须通过信息化手段实现服务的规范化、科学化和高效化。随着信息技术的不断发展和信息化需求的日益多样化，职业健康检查信息化管理持续进行技术升级和服务创新，以适应新的挑战和机遇。通过不断优化和改进，信息化管理将为职业健康领域带来更多的创新和发展，为保护劳动者职业健康提供更加坚实的支撑和保障。

二、职业健康检查信息化管理发展现状

(一)国外职业健康检查信息化发展现状

国际上，职业健康检查信息化管理发展较为成熟，特别是在北美、欧洲等地区。这些地区的国家的信息化管理主要特点包括以下几个方面。

(1)全面电子健康档案：实现了从纸质记录到电子记录的全面转变，便于信息的长期保存和快速检索。

(2)高度集成的信息系统：医院、诊所、实验室以及其他健康服务提供者之间的信息高度集成，

便于数据共享和流通。

（3）先进的分析工具：应用先进的统计和流行病学分析工具，对职业健康数据进行深入挖掘，以识别风险因素和健康趋势。

（4）个性化健康建议：基于大数据分析结果，为员工提供个性化的健康建议和干预措施。

（5）严格的数据保护法规：遵循严格的数据保护法规，如欧盟的通用数据保护条例，确保个人健康信息的安全。

（二）国内职业健康检查信息化发展现状

我国的职业健康检查信息化管理虽起步较晚，但近年来在政策推动和技术进步的双重作用下，已取得显著进展。

1. 法律法规政策支持

政府出台了一系列政策法规，如《职业病防治法》、《国家职业病防治规划（2021—2025 年）》、《“健康中国 2030”规划纲要》等，为职业健康检查信息化提供了法律基础和政策指导。

2. 信息化基础设施建设

许多医疗机构和企业特别是经济发达地区均开始建立自己的职业健康信息管理系统，以提高数据管理的自动化水平。

3. 区域健康信息平台

全国除个别省份外，已陆续建立区域性的职业健康信息平台，逐步实现区域内医疗资源的整合和信息共享，为全国数据交换和共享提供了基础。

4. 移动健康应用

随着智能手机的普及，移动健康应用得到了快速发展，为劳动者提供了便捷的职业健康信息、健康检查预约和管理服务。

5. 数据安全和隐私保护

国内对数据安全和隐私保护的意识逐渐增强，相关法规和技术措施不断完善。

（三）信息化管理的挑战

尽管取得了一定的进展，但国内外的职业健康检查信息化管理仍面临一些共同的挑战。

一是技术标准化方面，缺乏统一的技术标准和数据交换格式，导致系统集成和数据共享存在障碍。

二是数据安全方面，随着健康数据量的增加，如何保护数据安全、防止数据泄露成为亟待解决的问题。

三是专业人才培养方面，信息化管理需要既懂医疗又懂信息技术的复合型人才，目前这类人才相对匮乏。

四是用户接受度方面，信息化管理的推广需要改变传统的工作模式和习惯，提高用户的接受度和参与度。

三、职业健康检查信息化系统建设

职业健康检查信息系统建设的总体架构应分为数据管理、技术支撑、业务应用、外接设备、外接系统 5 个层面，如图 5-1 所示。下面就 5 个层面主要建设内容进行简要介绍。

（一）数据管理层

系统支撑服务是信息系统的基石，它们为业务应用提供了稳定、安全、高效的运行环境。通过

图 5-1　职业健康检查信息系统功能架构图

不断优化和升级这些服务，可以提高信息系统的整体性能和可靠性，满足不断变化的业务需求和技术挑战。数据管理层的主要功能包括以下方面。

1. 数据收集

数据管理层从各种来源收集数据，包括体检结果、仪器设备记录、系统日志等。

2. 数据存储

安全地存储收集的数据，采用数据库管理系统来保证数据的持久化和一致性。

3. 数据整合

将来自不同模块和来源的数据进行整合，确保数据的完整性和准确性。

4. 数据访问控制

实施严格的访问控制策略，确保只有授权用户才能访问敏感数据。

5. 数据加密

对存储和传输的数据进行加密，保护数据不被未授权访问或泄露。

6. 数据备份与恢复

定期备份数据，并确保在数据丢失或损坏时能够迅速恢复。

7. 数据交换与共享

在确保数据安全的前提下，实现数据与其他系统或机构的交换和共享。

8. 数据隐私保护

遵循数据保护法规，保护个人隐私，确保数据的合法使用。

（二）技术支撑层

技术支撑层作为整个信息系统运行的支撑框架，负责处理系统运行的基础框架和提供必要的基础通信功能，主要内容包括以下方面。

1. 系统服务

提供系统级别的功能，如性能监控、资源管理、故障排查等。

2. 标准服务

定义和实施统一的业务标准和操作流程，确保服务的一致性。

3. 编码服务

管理和维护数据编码规则，确保数据的准确性和一致性。

4. 消息服务

处理系统内的消息传递和通知，包括异步消息队列和事件发布 / 订阅机制。

5. 缓存服务

使用缓存技术提高系统性能，减少数据库访问频率，加快数据读取速度。

6. 定时服务

执行定时任务和计划性作业，如数据备份、报告生成等。

7. 用户管理

管理用户账户信息，包括用户创建、权限分配、账户监控等。

8. 认证服务

提供用户身份验证功能，确保只有合法用户才能访问系统资源。

9. 注册中心

在分布式系统中，管理服务注册与发现，便于服务间通信和负载均衡。

10. 网关服务

作为系统与外部通信的入口，处理请求路由、安全控制等。

11. 通信服务

确保系统内部组件之间以及与外部系统之间的数据交换和通信。

（三）业务应用层

业务应用层是信息系统中直接与用户交互的层面，提供具体的服务和功能。体检管理系统，作为职业健康检查系统的核心，包括以下子模块。

1. 基础系统管理

基础系统管理包括用户管理、权限控制、系统配置、日志记录等基础管理功能。

2. 规范集成

系统应集成 GBZ 188 等规范内容，根据职业危害因素、检查类别、明确必要检查指标；根据不同检查节点进行分级信息提醒，协助操作人员有针对性地开展职业健康检查工作，保证工作质量。

3. 企业档案建立

记录企业基本情况信息，建立企业职业健康监护档案，实现对企业职业健康监护情况的连续性跟踪管理，为企业对职业健康监护情况进行连续性分析提供依据。

4. 劳动者职业健康档案建立

以身份证号码为唯一索引，建立劳动者职业健康档案，确保受检者在一定范围内发生流动时仍能对其职业健康检查历史信息进行追踪分析。

5. 体检登记

快速记录受检劳动者信息，为职业健康检查流程做准备，登记时一般以受检者身份证号码为唯一索引进行存储，为受检者建立连续性职业健康检查档案。同时系统应集成身份证读卡设备、照片采集设备以及身份确认设备，实现快速定位本人信息的同时，规避替检现象的发生。

6. 职业史问诊

收集劳动者的工作环境、职业病危害接触史、生活习惯和临床症状等信息。信息系统在处理时，需考虑录入的便捷性，以及为问诊医生提供相应接触职业病危害因素问诊知识库，辅助问诊医生快速、准确完成作业。

7. 科室检查

管理各科室的检查结果的录入、审核。系统上可实现对录入结果模板的选择、异常结果的快速辨识、检查项目历史检查结果的调阅查看等，提供辅助临床诊断。

8. 财务收费

处理体检相关的费用计算和收款、到款确认。

9. 主检判断

由主检医生对体检结果进行综合评估和判断。系统需要结合受检者的检查类别、接触的职业病危害因素、受检者各类检查结果，根据 GBZ 188 进行相应辅助诊断。

10. 报告管理

生成、存储和分发职业健康检查报告，能够出具职业健康检查报告、复检人员通知单、职业禁忌证和疑似职业病告知书等。

11. 总结报告

根据企业受检人员总体情况编制职业健康检查总结报告，提供全面健康分析。

12. 查询统计

提供受检人员历史职业健康检查档案、目标疾病（职业禁忌证、疑似职业病）、职业病危害接触史、病史等相关资料调阅查看，确保检查医生对受检者重点把握。

13. 外出体检系统

为外出职业健康检查团队提供便携式的职业健康检查服务支持，包括数据收集和实时上传。

14. 智能导检系统

利用人工智能技术优化职业健康检查流程，提供个性化的职业健康检查路径推荐。

15. 微信预约系统

通过微信平台提供职业健康检查预约服务，方便用户通过社交媒体直接访问和使用。

16. 在线档案查询系统

允许用户在线查询和管理自己的健康档案，提高档案的可访问性和透明度。

（四）设备对接层

设备对接层是信息系统中至关重要的部分，它确保了医疗设备与信息系统之间的无缝集成，提高了职业健康检查的效率和准确性。以下是对设备对接层功能的详细描述。

1. 身份证读卡器对接

用于快速读取受检者身份信息，自动填充职业健康检查登记表，减少手动输入错误。

2. 签字版对接

用于问诊时，采集劳动者签名图片，自动展示至职业健康检查个体报告劳动者本人签字处。

3. 人脸识别、指纹设备对接

用于快速识别受检者身份信息，规避代检、替检现象。

4. 电测听仪对接

将听力测试结果直接传输到信息系统，便于存储、分析和生成报告。

5. 肺功能仪对接

集成肺功能测试设备，自动记录和分析肺功能数据，评估呼吸系统健康状况。

6. 身高体重仪对接

通过自动测量身高和体重，自动计算体质指数（BMI），为健康评估提供基础数据。

7. 血压仪对接

血压测量结果直接同步到信息系统，用于监测和分析心血管健康风险。

8. 其他设备对接

包括但不限于心电图机、血液分析仪等，根据职业健康检查项目的需求进行对接。

设备对接层的实现，不仅提高了职业健康检查流程的自动化水平，还为后续的数据分析、健康评估和健康管理提供了强有力的数据支持。随着医疗技术的发展，设备对接层将继续扩展，以包含更多类型的医疗设备，进一步提升职业健康检查的质量和效率。

（五）外接系统层

外接系统层是信息系统架构中负责与其他外部系统进行数据交换和集成的部分，确保信息流的连贯性和数据的一致性。以下是对外接系统层功能的详细描述。

1. 实验室管理系统对接

实现与实验室信息管理系统的集成，自动接收实验室检测结果，如血液、尿液等常规和生化指标。

2. 影像管理系统对接

与医学影像存储和传输系统对接，获取X线摄片、CT、MRI、超声、心电图等影像资料，便于医生进行诊断。

3. 信息报告上报

将体检结果和总结报告自动上报至区域（省级/市级）职业卫生平台，满足监管要求，便于数据的宏观分析和职业病趋势研究。

四、未来发展趋势

职业健康检查信息化未来发展展望和建议如下。

1. 技术融合与创新

未来的职业健康检查信息化管理将趋向于融合云计算、大数据、人工智能等先进技术，实现更全面的数据收集、存储、处理和分析，以提高预测和预防职业病的能力。

2. 标准化建设

建立统一的信息化标准和规范，确保不同信息系统和信息平台之间的兼容性和数据交换的顺畅，提高数据的一致性和可靠性。

3. 数据安全和隐私保护

随着信息化程度的加深，如何保障个人健康数据的安全和隐私成为重要挑战。需进一步提升数据安全技术如利用区块链技术，同时加强管理措施加以解决。

4. 国际交流与合作

加强与国际专业机构和组织的交流与合作，借鉴和分享先进技术和经验，提升我国职业健康检查信息化水平。

5. 政策和法规支持

政府应出台更多政策和法规，支持职业健康检查信息化的建设和发展，提供必要的财政投入和政策引导。

6. 人才培养和专业发展

加强职业健康学科建设和专业技术人员培训，提高对信息化工具的运用能力和专业水平，培养“职业卫生＋工程”的复合型人才。

7. 信息化基础设施建设

加强实验用房、业务用房、保障用房的建设和改造，配备必需的仪器设备，提升职业健康检查的基础设施。

五、实际工作中信息化建设面临的问题与探讨

在推进职业健康检查信息化建设的过程中，实际工作中可能会遇到一系列挑战和问题，这些问题需要通过深入探讨和有效策略来解决。

（一）职业病危害因素识别不准确问题

问题描述：在职业健康检查中，准确识别劳动者接触的职业病危害因素至关重要。若识别不准确，将直接影响检查的有效性和准确性。

探讨：在日常职业健康检查机构开展工作的实践中，可由检查机构的专业人员根据用人单位提供的《工作场所检测定期报告》进行岗位、职业病危害因素识别。同时，加强职业健康检查机构与分管职业卫生服务机构的职能部门信息化对接，及时、正确获取用人单位的职业病危害因素识别和检测情况。

（二）职业健康检查档案共享问题

问题描述：劳动者的工作或岗位流动性较大时，其职业健康检查档案在不同检查机构间的共享成为难题。这可能导致对劳动者职业史和职业危害接触史的掌握不准确，影响职业健康检查的连续性和针对性。

探讨：建立区域或国家统一的职业健康检查信息平台，实现各检查机构间的信息共享和互通。利用云计算和大数据技术，确保劳动者的职业健康档案无论在哪个机构都能得到有效管理和利用。

（三）数据安全与隐私保护问题

问题描述：随着大量职业健康数据的电子化，数据安全和隐私保护成为信息化建设中的重要问题。

探讨：制定严格的数据安全政策和隐私保护措施，采用加密技术保护数据传输和存储的安全。同时，加强对数据访问的控制和审计，确保数据的合法合规使用。

（四）技术更新与系统维护问题

问题描述：面对GBZ 188及国家和区域职业卫生平台信息技术规范的频繁更新，信息系统提供商确实面临着系统不断更新和维护的压力，这不仅增加了维护成本，也对系统的稳定性和数据的连续性提出了挑战。

探讨：利用云服务和SaaS解决方案，由各地卫生健康委、职业病防治院建立SaaS化的职业健康检查云平台，利用云计算服务，减少各个检查机构硬件维护的需求和系统升级成本。

职业健康检查信息化管理正迅速成为职业健康领域的一个重要组成部分。随着技术的不断进步，信息化管理将进一步提高职业健康检查的效率、质量和安全。面对挑战，需通过技术创新、标准化建设、人才培养和政策支持等多方面努力，以实现职业健康检查信息化管理的全面发展。

（张恒东）

第三节　职业健康检查质控中心

一、职业健康检查质控中心职责

作为职业健康检查质量控制业务指导机构，对辖区内的职业健康检查机构开展质量考核必须坚持的原则：程序合法、方法科学、评判公正。要认真制订对职业健康检查机构质控核查的年度工作计划，依据《职业健康检查质量控制规范》，以机构质量管理体系、质量管理制度的建立健全及实际运行状况为质控重点，以职业禁忌证判定与告知、疑似职业病界定与报告的准确率与报告及时率为关键指标，每年至少开展一次职业健康检查质量考核，对新备案的职业健康检查机构要在备案后3个月内组织开展现场核查。及时将职业健康检查质控中心组织的实验室比对结果和质量考核情况及整改要求，以书面形式告知有关职业健康检查机构，对不合格机构的整改情况进行复核。发现已备案机构不具备其备案的项目、能力或外出检查能力时，应督促该机构限期整改，整改期结束仍不具备相应能力的，应报告上级卫生健康行政部门撤销相应备案项。针对部分职业健康检查机构工作量大、质量管理风险高或投诉多、质量问题整改不及时或不到位，要加大质量考核检查频次，并及时向社会公布相关质量考核评估的结果、整改要求及整改落实情况。在每年底，总结分析职业健康检查机构实验室间比对结果和质量考核结果，形成质量考核年度报告，并向社会发布。必须强调的是，《职业健康检查管理办法》明确规定了医疗卫生机构备案开展职业健康检查应当具备的条件，主要包括工作场所、专业技术人员、仪器设备、质量管理制度等。职业健康检查质量控制机构在质量控制活动中需对职业健康检查机构应当具备的条件进行一致性核查，发现真实情况与备案信息不一致或存在违法行为时，将相关情形上报辖区卫生健康行政部门；对存在弄虚作假、重大质量问题的，质控中心也要立即向上级卫生健康行政部门报告，并及时跟踪相关机构整改情况。

因此，必须加强职业健康检查机构的医疗质量管理，规范医疗服务行为，规避医疗风险，保障医疗安全，持续改进职业健康检查和医疗管理关系，全面做好职业健康检查机构的质控工作。职业健康检查质控中心的职责如下：

（1）承担职业健康检查机构质量控制管理工作；

（2）报经上级卫生健康行政部门同意，对外发布职业健康检查质量控制管理工作方案、质量考核标准和实施计划；开展实验室间比对和职业健康检查质量考核；

（3）总结分析职业健康检查质量考核结果，形成质量考核报告，质量考核报告及时报送上级卫生健康行政部门，并向社会发布；

（4）组织对职业健康检查机构技术负责人、质量负责人和主检医师以及全省质量控制专家的业务培训；

（5）建立全省职业健康检查质量控制专家库（以下简称专家库）；

（6）建立职业健康检查质量控制管理档案并长期保存；

（7）承担省卫生健康行政部门交办的质量控制管理其他事项。

二、职业健康检查质控中心定位

从职业健康检查质控中心职责来看，职业健康检查质控中心是卫生健康行政部门职能的延伸，是代替行使职业健康检查事中、事后监管的专业组织，并为职业健康检查机构专业的发展规划、质量控制、学科建设、人才培养等提供服务，但无行政处罚权力。

职业健康检查质控中心制订的工作方案、质量考核标准和实施计划，应在符合法律、法规、规范等基本要求的前提下，经省级卫生健康行政部门同意并对外发布。质量考核标准应结合当地职业健康检查工作实际开展情况，依据不同阶段工作重点，定期或不定期修订质量控制管理工作方案和质量考核标准，从而促进辖区职业健康检查工作质量不断提升。质量考核标准应科学研制质量控制评价的指标和权重，从而对职业健康检查机构作出全面的、客观的评价。为了适当拉开不同职业健康检查机构考核评分，促进职业健康检查机构良性竞争，质量考核标准要求可略高于《职业健康检查质量控制规范（试行）》所列的基本条件。

目前部分地区职业健康检查质控处于起步状态，质控常见问题主要有：部分机构质量管理体系制度不完善，问题集中在质量管理文件、程序文件以及操作规范的欠缺和不规范；缺少备案项目相对应的仪器设备、相关设备未定期计量检定或仪器设备使用维修保养档案不健全等；人员资质不能满足要求；未实现职业健康检查信息化。因此现阶段质控重点主要关注组织架构、质量管理体系，但今后随着职业健康检查自身管理体系的不断完善，质控重点应逐渐向职业健康检查运行情况（检前、检中、检后），以及实验室间比对和能力提升转移。

三、职业健康检查质控种类

职业健康检查质控种类包括首次考核、定期考核、飞行考核。首次考核是指质量控制管理机构对新备案的职业健康检查机构开展的质量考核。定期考核是指质量控制管理机构按实施计划组织的质量考核，要求在一个周期内覆盖本辖区内所有职业健康检查机构。飞行考核是指质量控制管理机构在发现职业健康检查机构不能持续保持职业健康检查质量情况下进行的质量考核。职业健康检查质控考核重点可依据辖区内职业健康检查机构的实际情况和特点进行调整。

四、职业健康检查质控工作流程

职业健康检查质控中心应制订详细的考核程序和实施计划，保证考核工作的规范性、严肃性。

以首次考核为例，主要流程包括考核前准备（备案材料审查、确定考核专家组、准备考核材料、通知被考核单位）、考核实施（质量考核预备会议、首次会议、实施现场考核、末次会议）以及考核总结。职业健康检查质控主要流程如图 5–2 所示。

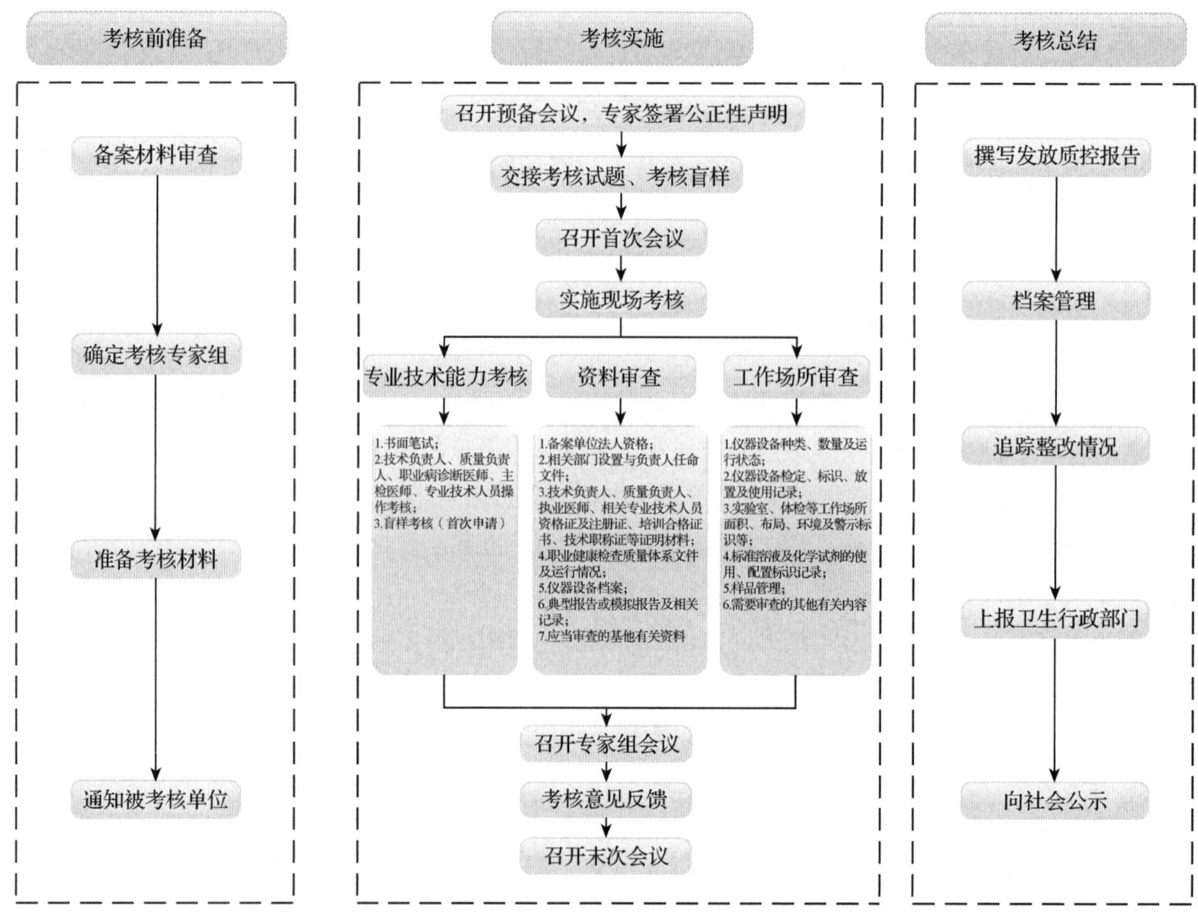

图 5-2　职业健康检查质控流程图

五、现阶段职业健康检查质控中存在的一些问题及解决方法

（一）职业健康检查机构异质性

医疗卫生机构备案开展职业健康检查，可选择类别和项目。在实际工作中存在以下情况，A 机构备案化学因素类中的所有项目，而 B 机构只备案物理因素中的高温。在质量考核时，仅备案个别项目的职业健康检查机构，由于其业务相对单一，可能存在的问题较少，质控考核得分反而较高。如何对这些存在较大异质性的职业健康检查机构作出客观、全面的评价，是职业健康检查质量控制机构需要权衡的问题。另外，不同性质的职业健康检查机构，也可能导致差异。建议在质控考核时，进行分类管理，以减少异质性的影响。

（二）备案开展某类别职业健康检查但实际未开展或开展数量极少

备案开展某类别职业健康检查但实际未开展或开展数量极少的情况并不罕见。在质控实际工作中，特别是首次备案开展职业健康检查的机构，为降低抽样误差，在对职业健康检查机构进行质量控制评价时，建议随机抽查职业健康检查总结报告不少于 3 份，每个类别职业健康检查个体报告不少于 10 份，个体报告涵盖 GBZ 188 中所列全部结论。如职业健康检查机构自开展之日起至考核期间或考核周期内单类别职业健康检查报告数量未达到上述要求，可要求职业健康检查机构提供模拟职业健康检查相关资料，包括委托协议书、职业健康检查表、职业健康检查个体报告、职业健康检查总结报告。

（三）现阶段职业健康检查质控发现的主要问题

现阶段职业健康检查质控发现的常见问题主要表现在以下几个方面。

1. 资源配置问题

问题表述：①人员配置未达到要求，技术负责人、质量负责人非本医疗机构在册的执业医师，甚至缺乏主检医师、理化检验专业技术人员等；②未配置与备案开展的职业健康检查类别和项目相适应的仪器、设备及实验条件，不具备相应项目的检测能力，如无相应的理化检测设备等。

探讨：建议医疗卫生机构备案开展职业健康检查时，确认已具备与备案开展的职业健康检查类别和项目相适应的人员、仪器设备等。如发生变化，须及时申请更改备案信息。

2. 质量管理体系不健全

问题表述：未设立内部质量控制部门，制度建设不完善，职业健康检查相关法律法规标准跟踪不及时，技术人员培训不足，对整改意见未落实持续改进，职业健康检查工作程序不规范。

探讨：建议职业健康检查机构充分重视职业健康检查工作质量，设立完善的内部质量控制部门，建立完善的制度，并加强人员培训。

3. 职业健康检查检前相关问题

问题表述：职业病危害因素识别不准确，服务合同及协议签订信息不完善。

探讨：建议在开展职业健康检查前，职业健康检查机构与用人单位进行详细沟通，查阅用人单位提供的相关资料，协助用人单位确认劳动者接触的职业病危害因素。

4. 职业健康检查检中相关问题

问题表述：问诊内容不完整、功能检查项目描述不规范、原始记录书写遗漏等。

探讨：建议职业健康检查机构充分重视每一个环节的工作质量，开展内部质量控制活动。

5. 职业健康检查检后相关问题

问题表述：职业健康检查结论不正确，总结报告不规范，疑似职业病和职业禁忌证未履行告知及报告义务，个案卡上报率和信息准确率较低，档案管理不规范等。

探讨：建议职业健康检查机构充分重视职业健康检查信息报告的重要性，加强主检医师培训，提升主检结论准确性。

6. 专业技术能力相关问题

问题表述：专业技术人员的笔试成绩、阅片和纯音听阈测试实操考核得分较低，实验室比对结果不理想等。

探讨：建议职业健康检查机构加强对专业技术人员的培训、考核。

（寇振霞　张静波）

第四节　质控检查结果反馈与提升

职业健康检查质量控制是保证体检结果的准确性和可靠性的关键环节。机构内质控与年度省级质控中心质控主要职责是查找职业健康检查中的质量问题，通过查找原因并及时给予纠正，有效提高职业健康检查质量，是职业健康检查机构质量提升的有效保障。机构内质控应及时将质控结果反馈给相关业务科室，省级质控中心质控应及时将质控结果反馈给职业健康检查机构，并定期汇报卫生健康行政部门。

一、内部质控检查反馈

职业健康检查机构应建立本机构完整的职业健康检查质量管理体系并有效运行，应设置或指定质量管理部门，负责质量管理体系的建立、实施和维护，并对职业健康检查全过程进行质量监督管理，职责明确，运行有效。职业健康检查机构应授权技术负责人、质量负责人、授权签字人、主检医师、质量监督员、内审员等质量管理关键岗位人员，按照法律、法规和标准规范的规定，对本机构的职业健康检查工作开展日常监督、内部审核，对重点环节进行监测、分析、纠正和反馈，持续改进。

（一）内部质控的分类

内部质控是职业健康检查工作中非常重要的环节。内部质控又分为日常质控、机构内审与投诉质控。

1. 日常质控

由质量监督员按照质量控制制度规范，对检前、检中、检后各环节进行日常监督，建立职业健康检查日常质控台账，及时发现问题，分析引起原因，并协同改进。

2. 机构内审

机构内审是质量管理中异常重要且复杂的一环，一般由质量负责人主持，质量管理部门负责具体实施，根据职业健康检查机构质量体系的年度内审计划开展内部审核和管理评审，对本机构职业健康检查质量管理要求执行情况进行评估，对收集的职业健康检查质量信息进行及时分析和反馈，对职业健康检查质量问题和医疗安全风险进行预警，对存在的问题及时采取纠正措施，并采取有效的预防措施及评估机制，建立职业健康检查质量控制自我评价与持续改进制度。促进职业健康检查质量的持续改进，提升用人单位及受检者满意度。

3. 投诉质控

对于在职业健康检查过程中出现的质量投诉事件，科室内部应第一时间组织相关专家对特殊情况下的职业健康检查质量进行附加质控，查找原因，及时修正。

（二）质控检查结果反馈

无论哪一种形式的质控与审核，均是通过“听、看、查、考、问”的方式进行，其目的是通过PDCA［包括计划（Plan）、执行（Do）、检查（Check）和处理（Action）4 个环节］形成闭环管理，其中反馈与改进异常重要，将发现的问题及时反馈，总结经验教训，对存在的问题制订消除措施，反馈给下一个循环。在职业健康检查质控过程中，有效、多次、双向的质控结果沟通反馈，是提高职业健康检查质量的关键。职业健康检查机构可采取多种形式的沟通反馈。

1. 现场沟通

质量监督人员在现场发现质控中存在的问题，应及时反馈给相关科室或责任人员，能现场进行改进的应立即予以改进，不能立行立改的应形成问题清单，规定整改时间及检查时间。

2. 书面通知

质控过程中发现问题应如实记录，按其性质进行分类：体系性（体系文件的缺失）、实施性（未按标准执行）及效果性（未达到应有的效果），形成问题清单下发各责任科室，规定整改时间及检查时间，实现质控部门与相关科室的沟通；科室接到质控反馈后，对有异议的质控结果，通过《质控结果反馈单》的形式向质控部门反馈，实现相关科室与质控部门的沟通。

3. 机构内通报

质控部门对质控最终结果定期进行通报，对质控结果有效利用，根据机构相关考核规定给予相关责任人和责任科室考核处罚，以达到质控的最终目的。

（三）纠正措施的启动和控制

1. 原因分析

职业健康检查机构各责任科室应针对不符合项，进行详细的问题分析和原因追踪，可以通过使用诸如鱼骨图、5W1H 等工具来识别根本原因，确保将问题的本质和涉及的各个方面都纳入考虑范围，包括环境、制度、仪器设备及溯源、人员、检测（检查）方法和程序、样品处理、耗材、信息系统、报告与告知等。确定原因后，需要提出纠正和应对风险的措施。

2. 确定需采取的纠正措施

纠正措施是指消除已发现的不符合的系统原因，防止不符合再度发生。纠正措施应该是明确的、可行的，并且能够解决问题的根本原因。此外，纠正措施应该有明确的责任人和时间表。

3. 纠正措施的实施与监控

在实施纠正措施之前，应该进行充分的沟通和培训，以确保所有相关人员对纠正措施有清晰的理解和认同。此外，应该建立监测和评估机制，以确保纠正措施的有效性和可持续性，并消除不符合原因。

二、省级质控中心的质控检查和反馈

质量控制中心应根据职业健康检查机构备案的检查类别，组织开展职业健康检查质量考核。

质量控制中心应当从专家库中按照职业健康检查机构备案的检查类别抽取 5 名以上单数专家组成考核专家组（以下简称专家组）。专家组成员推举产生 1 名组长，负责主持现场考核工作。

专家组应听取职业健康检查机构有关职业健康检查质量控制工作情况的报告，对职业健康检查机构的场所、人员、设备、质量管理体系及运行情况，以及职业健康检查机构主检医师、专业技术人员的专业理论和常规、特殊医学检查的专业技术人员技能等方面，进行现场考核。

1. 现场沟通

考核组专家在现场考核过程中发现问题，通过现场交流、会议、座谈等方式与机构负责人、医护人员进行面对面的沟通，对问题进行分析、解答，提出有效的整改建议。

2. 现场书面反馈

考核组专家通过对职业健康检查机构检前、检中、检后全过程考核中发现的问题在现场形成问题清单，反馈给机构并签字确认，体检机构应在规定限期内整改并提交整改报告，必要时组织专家再次现场确认。

3. 总结汇报

职业健康检查质控中心根据考核结果，编制实验室间比对和职业健康检查质量考核年度总结报告，报送省级卫生健康行政部门。总结报告内容（参考）可包括：考核前期筹备、考核专家组成、现场考核开展情况、考核中发现的主要问题和亮点、考核现场反馈汇总等。考核中若发现有违反国家相关法律、法规的行为，需要行政部门监督执法的应及时向卫生健康行政部门汇报。

4. 结果运用

职业健康检查质控中心根据考核结果，发放实验室间比对合格证书，并向本省通报考核结果，对盲样考核不合格、现场质量考核发现问题多的机构，可以根据各省的实际情况分别采取整改、约谈、向卫生健康行政部门提请行政处罚、取消相关备案类别等措施，以促进职业健康检查机构规范、有序、高质量发展，提升职业健康检查能力水平。

三、通过质控提升质量

质量是职业健康检查机构的立足之根本、发展之动力。职业健康检查机构应强化责任意识，树立长远目标，强化管理，根据内部质控与外部质控发现的问题，认真整改，不断提升质控检查的能力和水平。同时，省级质量控制机构（简称质控中心）承担辖区内职业健康检查机构质量控制管理工作，应紧紧围绕辖区内职业健康工作重点，通过标准化、规范化、制度化、信息化的质控体系来开展工作，不断探索新的质控检查方式方法，提质增效，提升各机构质控的意识和能力，充分发挥指导、引领作用，促进职业健康检查质量安全同质化、保障用人单位和受检者的健康权益。

（一）职业健康检查机构的质控检查提升

1. 建立质量管理文化

成立职业健康检查质量管理工作小组，不断完善机构的质控体系。工作小组应由质量管理部门牵头，组员包括：质量负责人、技术负责人、质量管理部门、主检医师以及影像、耳鼻喉科、检验（含理化实验室）、护理部等专业技术人员组成，针对内部质量控制和上级质控部门发现的质量问题制订整改方案，做到群策群力，举一反三，将提高质量工作落到实处。如不断完善职业健康检查相关的管理制度、工作机制；深入一线对质量整改情况进行跟踪，周而复始从人员、仪器、文件及检前、检中、检后流程等各方面积极查找质量管理控制漏洞，及时纠正质量管理中的隐患；加强对职业健康检查工作质量进行日常检查，定期组织对体检报告进行质量抽查；不定期召开各类问题沟通会议，每年定期召开质量分析会议；应对小组成员工作开展情况进行考核；鼓励临床实验室、理化实验室积极参加省级、国家级的室间质量评价、盲样考核、能力比对等活动，使广大医护人员把提高职业健康检查质量工作形成一种文化。

2. 强化质量管理相关人员的培训

质量管理人员作为整个体检质量的监督者，自身能力的提升不可或缺，人员培训和能力提升是保证现场职业健康质控督导的关键因素。应重视质量管理相关人员的培训，落实继续教育，不断提升质量控制相关人员质量意识和能力水平、更新专业知识、维持和提升专业技能。培训对象应涵盖职业健康检查质量管理专项工作小组成员。

3. 引入先进的质量管理工具和技术

如查检表、PDCA 循环、鱼骨图、质量控制图、SOP 等，以便更好地分析和控制体检质量，提高质量管理水平和工作效率。

4. 开展技能竞赛

围绕职业健康检查中检验、检查、关键技术和能力等开展技能竞赛，以赛促学，营造学习氛围、激发学习热情，增加关注热度，促进专技人员立足岗位学技术、练技能，不断增强专业技术人员的质量业务技能。

5. 利用信息化开展质量控制

随着信息化在体检工作中的广泛应用，将质控需求融入体检信息系统，可实现质量控制的信息化、自动化、智能化，提高工作效率，降低错误率，实现风险预警和干预，因此驱动体检信息软件实现质量控制优化势在必行。目前，体检信息系统主要在以下方面可实现质量控制：受检者身份识别，如身份证信息读取、劳动者现场留影；职业健康检查必检项目设置和完检提醒；结果录入逻辑异常提示；形成环节控制、终末控制报表；确保体检报告完整性、规范性；体检危急值、疑似职业病、职业禁忌证、传染病信息的告知、报告闭环管理，以及按国家相关规定及时上报疑似职业病、传染病。未来，人工智能、智能交互、环境感知等新技术在信息化质控工作中将会有更广泛的应用前景。

（二）质控中心的质控检查提升

1. 建立专家库动态管理机制

职业健康检查质量控制专家库（以下简称专家库）的专家原则上应具备高级专业技术职称，专家库的组成应包括具有职业病诊断资格的医师、相关专业的临床医师、影像学专业以及实验室检验人员、质量管理人员等，并按照职业健康检查类别进行分组。专家组应当秉持科学、客观、公正的原则，独立开展职业健康检查质量考核工作，并承担相应的法律责任。质控中心应完善专家库成员的产生、退出机制，建立公开透明、择优设置的制度，对专家库成员进行动态调整，充分调动和激发专家的内生动力。

2. 加强质控中心工作保障

各级卫生健康行政部门对质控中心开展工作予以政策保障，为质控中心运行、开展工作提供支持和保障。

3. 加强人员培训

省级质控中心应提供学习、交流平台，定期组织专家库专家培训，提升考核专家的质控能力，保障考核工作规范化、标准化、同质化。组织对本辖区内职业健康检查机构技术负责人和质量负责人的业务培训，促进职业健康检查机构的规范建设和质量提升。

4. 组织开展技能竞赛

通过采取理论考试、桌面推演、技能操作和实验室盲样等形式开展全省技能比武。以赛促学，营造学习氛围、激发学习热情，增加各级部门、体检机构重视程度，促进专业技术人员立足岗位学技术、练技能，不断提升机构的业务技能。

5. 建立省级质控信息化管理平台

随着医疗质量管理的不断深入，运用信息化手段建立质控管理平台，实现智能化质控已成为医疗质量管理部门的现实需求。省级质控中心需要借助信息化管理平台来实现区域职业健康检查质量统一动态管理，提升职业健康检查机构质量安全水平。通过平台管理，实现对考核工作的信息化管理、辖区内职业健康检查机构合规性监督以及考核情况的记录、查阅、公示。并与国家重点职业病监测项目相结合，实现对上报数据的数据分析、对体检机构数据的质量监测和关键指标预警。

6. 做好“回头看”

保持检查效果的延续性，对职业健康检查中发现的老大难问题，应做好“回头看”，检查其落实整改措施是否到位、有效，改变职业健康检查机构应付心理，彻底整改不合格项，真正固化规范的行为，提高职业健康检查质量。

（李　文）

06 第六章　职业健康检查档案管理与劳动者隐私保护

第一节　职业健康检查档案管理

职业健康检查档案是在职业健康检查过程中形成的具有保存价值的各种文字、图表、影像等不同形式的体检记录，是对劳动者本次医学检查过程的客观记录资料，理论上也是历史记录，对今后劳动者申请职业病诊断以及早期发现职业健康损害具有重要作用，同时也是规避法律风险的重要资料。完整的职业健康检查档案对职业健康检查机构而言，应该是个动态队列观察过程。由于多种原因，许多用人单位经常更换职业健康检查机构，使得职业健康检查档案缺乏完整性和系统性，基于这种情况的职业健康检查结果及档案资料大部分只能用于横断面观察劳动者健康状况变化，评价个体和群体健康损害缺乏完整依据。根据《职业健康检查管理办法》（2019 年修订）第二十条的规定，职业健康检查机构应当保存受委托用人单位的职业健康检查档案，档案包括下列材料：

（1）职业健康检查的文书，包括委托协议书、职业健康检查总结报告、评价报告和告知材料；

（2）用人单位提供的相关资料；

（3）出具的职业健康检查结果总结报告和告知材料；

（4）其他有关材料。

职业健康检查机构应该根据相关要求，建设具有科学、实用、有操作性的信息化管理系统，这是落实职业健康检查档案管理的关键手段，同时应把职业健康档案管理的内容纳入机构的质量管理体系之中，制定相应的查阅档案审批流程，并由专人负责管理。

一、职业健康检查档案的主要内容

（一）职业健康检查的文书

包括委托协议书、健康检查总结报告、评价报告、职业健康检查相关的原始资料和档案（包括电子档案）。职业健康检查机构应将用人单位的委托协议书、反馈给备用人单位的总结报告或本次职业健康检查评价报告、职业健康检查相关的原始资料或档案（包括电子档案）整理归档，对连续受委托在该职业健康检查机构进行体检的用人单位档案资料，可以在该用人单位档案内分列年度职业健康检查档案并进行归档管理。

（二）用人单位提供的相关资料

包括接触职业危害的劳动者的健康检查资料，从事接触职业病危害因素作业或岗位劳动者名单等信息，包括所在岗位、接触职业病危害因素名称、接触工龄、历年工作场所职业病危害因素检测资料等均应纳入职业健康检查机构档案管理内容。

（三）出具的职业健康检查结果总结报告和告知材料

包括目标疾病及与职业健康损害相关资料，职业健康检查机构当发现了职业禁忌证者、疑似职业病和已出现相关职业健康损害劳动者时，对这些劳动者的相关复查、处理记录，包括邮寄的报告书、告知（通知）书等的回执，用人单位或劳动者签收凭证资料，或对劳动者、用人单位反馈的重要信息等，应一并纳入档案管理。对疑似职业病等还必须依照规定或所在省级卫生健康行政管理部门要求做好登记、上报及相应的档案记录。

（四）其他有关材料

包括用人单位提供的营业执照、授权委托书和授权委托人的身份证明材料、相关的工作场所职业卫生检测评价资料、其他有关劳动者接触职业病危害因素信息等资料，职业健康检查机构需要将该类资料整合至年度档案中，建议职业健康检查机构对每家用人单位按年度建立一个档案实施管理。

二、职业健康检查档案管理与应用

职业健康检查档案管理是确保劳动者健康权益的重要环节，职业健康检查机构必须严格遵守相关法律法规，在进行职业健康检查时，必须做好档案的建立、维护和保存工作，确保所有相关资料得到妥善管理和长期保存。

（一）建立职业健康检查档案管理制度

（1）职业健康检查机构必须建立健全职业健康检查档案管理制度，设立专门的档案管理部门或指定专人负责，明确各级人员的职责和权限，规范做好职业健康检查档案的管理工作，确保档案的完整性、准确性、可追溯性和保密性。

（2）档案内容应使用规范的文字、符号、单位和格式，便于存档、查询和管理，确保信息的准确性和可读性。

（3）职业健康检查档案应建立电子化管理系统，实现档案的数字化存储、查询和更新，提高档案管理效率。

（4）职业健康检查档案应妥善保存，防止丢失、损坏和篡改。电子档案应定期备份，确保数据安全。

（二）资料归档时间与保存期限

职业健康检查机构应按规定做好职业健康检查资料的归档工作，归档时间建议在档案管理制度内作出规定，且必须在所在地卫生健康行政管理部门年度检查前完成。

按照《职业健康检查管理办法》（2019 年修订）第二十条规定，职业健康检查档案的保存时间至少应从劳动者最后一次职业健康检查结束之日起不少于 15 年。

（三）档案保密性

档案管理部门应建立严格的保密制度，对涉及劳动者个人隐私和职业健康状况的信息保密，未经授权不得提供相关资料。目前我国在这方面的法律还有待健全，比如涉及劳动者的健康信息等方面，未经劳动者本人的许可，是不允许包括用人单位在内的第三方查阅或使用的，除非经过法律授权用于劳动者本人或劳动者群体的健康这一目的。

（四）档案利用与查询

职业健康检查档案可用于劳动者健康状况评估、职业病诊断、职业病防治和工伤认定等工作，甚至可供卫生健康行政部门用于职业健康、劳动防护等相关政策的制定，这也是职业健康检查档案最主要的作用。但是从法律上来说，所有这些工作事先都应征得劳动者本人的同意。

劳动者本人或经授权的委托人可查询劳动者本人职业健康检查档案，档案管理部门应提供必要的支持和协助，同时做好登记。

职业病诊断与鉴定机构或用人单位、劳动者本人需要提供相关资料时应提供复印件，证明“与原件相同”并签章。

（五）归档文件整理与检查

职业健康检查机构内归档管理部门应做好年度归档文件整理与检查工作，包括并不限于文件资料的完整性、准确性和时效性，应确保每次职业健康检查结束以后将体检结果和信息及时存档。纸质文档的组成包括修订、组件、装订、编页，编制归档文件目录、装盒及编制盒内目录，编制盒内备考表与盒脊、排架等内容。电子文档需建立相应的档案系统以便于更新和查阅。

（六）职业健康检查档案管理的监督与评估

1. 监督机构

（1）职业健康检查档案的管理应由专门的机构或部门进行监督和指导。

（2）监督机构应有权对职业健康检查档案的建立、管理和使用情况进行监督检查。

2. 评估制度

（1）建立职业健康检查档案管理评估制度，定期对职业健康检查档案的管理工作进行评估，并提出改进建议。

（2）职业健康检查档案的管理评估应综合考虑文档的完整性、准确性、及时性和保密性等指标。

职业健康检查档案管理制度的制定和实施对于提高劳动者的健康水平、预防和控制职业病具有重要的意义。但是，在实际应用中还存在一些问题，如档案管理责任不明确、保密制度不健全等。尤其保密制度涉及体检者的健康和个人隐私，在职业健康监护的实施过程中应特别强调。因此，需要进一步推动相关法律制度的制定，不断完善职业健康检查档案管理制度，为职业健康检查工作的持续发展打好基础。

（宣逸群　陈善豪）

第二节　劳动者隐私保护

一、劳动者隐私概念

隐私权是指自然人享有的私人生活安宁与私人信息秘密依法受到保护，不被他人非法侵扰、知悉、收集、利用和公开的一种人格权，而且权利主体对他人在何种程度上可以介入自己的私生活，对自己是否向他人公开隐私以及公开的范围和程度等具有决定权。

（一）劳动者隐私权的界定

目前，我国职业医学界对劳动者隐私权的研究处于初级阶段，对其定义也大有不同。有专家认为，劳动者隐私权指劳动者因工作而遭受或可能遭受用人单位侵犯的“那部分隐私权”，比如劳动者健康状况、健康检查结果与信息等，并非劳动者在民法上的隐私权，这种隐私权只能是与劳动者和用人单位之间的劳动关系相关的权利。上述观点将民法上的隐私权和劳动法意义上的隐私权进行了区分，但对劳动者隐私权的内涵及外延未进行分析描述。另有观点认为，劳动者隐私权是指劳动者在劳动关系缔结、存续、终止过程中依法享有的私人生活安宁不受用人单位影响、私密信息不受用人单位侵害的人格权。本书中，劳动者隐私权是指以劳动关系的存在为基础，存续于劳动者隐私权保护的理论基础和利益冲突关系的全过程，劳动者在相对公开的标准下，私生活安宁、私密信息、私人空间等仍应当受到保护。

（二）劳动者隐私、个人信息的内容

劳动者信息秘密依法受到保护，具有不被他人非法侵扰、知悉、收集、利用和公开的一种人格权，而且权利主体对他人在何种程度上可以介入自己的私生活，对自己是否向他人公开隐私以及公开的范围和程度等具有决定权。

对于个人信息的概念，《中华人民共和国个人信息保护法》中明确规定，个人信息是以电子或者其他方式记录的与已识别或者可识别的自然人有关的各种信息，不包括匿名化处理后的信息。

（三）职业健康检查中的劳动者个人隐私信息

在职业健康检查过程中，劳动者个人隐私信息是指劳动者个人不愿意为外人所知晓且与工作内容无关的健康信息。举例来说，在普通的职业岗位中，部分劳动者虽是乙肝病毒携带者，但并不影响其工作，此时劳动者不愿意他人知晓其乙肝病毒携带的事实，而用人单位过度收集该健康信息便侵犯劳动者健康隐私；或者医疗机构擅自将劳动者是乙肝病毒携带者的信息告诉他人等。当劳动者因请病假、工作遭受伤害或者患职业病需要申请工伤保险待遇时，则必须向用人单位提供自己的诊疗记录、鉴定书以及职业病诊断书等材料，在这些材料中往往混杂着劳动者私人健康信息秘密，作为用人单位和医疗机构都应注意保护劳动者的隐私。在劳动关系解除阶段，虽然劳动者已经离开用人单位，但用人单位仍旧掌握着劳动者应聘时和在职时所提供的健康信息，比如职业健康信息档案。然而，档案中的健康信息未经劳动者同意被用人单位利用时，也就侵犯了劳动者健康隐私。

鉴于以上的观点和阐述，在职业健康检查过程中，劳动者的个人隐私信息档案内容具体包括：姓名、身份证号码、家庭住址、婚姻、联系电话、家族史、月经史、妊娠史、疾病史、个人史（吸烟史、饮酒史）、各种化验结果、功能及特殊检查结果（肺功能、高千伏胸片、电测听）、体检结论中的职业禁忌证等有关资料。

职业健康检查机构对保护劳动者的个人隐私信息非常重要。在体检过程中，首先，从接诊这一刻起医务人员需要对劳动者的所有信息进行涉密保护。其次，如果体检信息需要在信息监测系统进行网络报告，就应该做好网络系统的安全保护措施，让劳动者的体检信息在一个安全的系统平台运行，免受黑客侵袭导致泄密。再次，每一个劳动者应该有一个比较独立的检查空间，当有敏感指标异常需要告知劳动者“注意”或者“复查”时，医务人员应该及时和劳动者面对面地在一个相对隐私的空间进行交谈。此外，劳动者的生物指标仅用于本次体检，不能被用于其他工作使用。最后，劳动者所有的检查结果均应该用档案袋包装严密并封口交于本人手中。所有有关劳动者的个人隐私信息不得在任何公众平台上发布。

二、发送劳动者个体报告时对隐私的保护

（一）体检结果及体检报告发送方式

职业健康检查机构应当在职业健康检查结束之日起30个工作日内将职业健康检查结果，书面告知劳动者本人和用人单位。职业健康检查机构发现疑似职业病患者时，应当书面通知劳动者本人和用人单位。发现职业禁忌证的，应当及时书面告知用人单位和劳动者。从国家相关的法律法规要求中，都强调报告必须以书面形式告知劳动者，并有劳动者签收的相关证据，从目前的各种解释和某些争议的案例来看，电子版文件、邮件、微信等都不属于“书面”形式。

（二）在报告发送过程中如何保护劳动者的隐私

整个体检工作完成后，如何将体检报告安全地发送至单位及劳动者本人是至关重要的一个环节，因此，体检机构应该安排专人负责体检报告。首先，体检工作完成后，体检机构负责体检报告的人员应该将职业健康检查总结报告和个体结论报告均封存在档案袋中并密封。其次，将密封的总结报告交给被体检单位的具体负责人，并告知总结报告中涉及劳动者健康检查的隐私信息需要妥善保管，并告知将体检结果面对面地告知劳动者本人。最后，将密封的个人职业健康报告交于劳动者本人或者邮寄给劳动者本人。

（三）劳动者知情同意

当医疗机构开展劳动者职业健康监护工作的各种数据分析、利用、评估时，需充分考虑到资料中涉及的劳动者隐私，如在信息交流中有可能涉及劳动者的隐私，则之前必须得到劳动者的知情同意。

（寇振霞）

07

第七章　职业健康检查典型案例分析

一、职业病危害因素确认的重要性

【案例】有一位劳动者去某职业健康检查机构投诉，自称在某企业从事噪声作业，同时也接触有机溶剂，现在听力受到影响，质疑体检机构当时未给予纯音听阈检查，导致他没能及时诊断职业病。而体检机构认为，该劳动者的职业史和职业病危害因素接触史是由企业提供的，与职业健康检查机构无关，让劳动者去找企业核实。但企业已倒闭，而职业健康检查表的表单上未见劳动者签字确认，导致出现法律纠纷。

【解答与分析】劳动者在体检的职业史签字环节未签字确认，可表示劳动者未确认工作过程中所接触的职业病危害因素，使体检项目和体检结论存在一定的不确定性，可能引起日后的矛盾和法律纠纷。

职业病危害因素的确认是职业健康检查的重要环节，是决定检查项目和结论的准确性的前提。根据《职业健康检查管理办法》（2019 年修订）第十四条规定，在职业健康检查中，用人单位应当如实提供以下职业健康检查所需的相关资料，并承担检查费用：（一）用人单位的基本情况；（二）工作场所职业病危害因素种类及其接触人员名册、岗位（或工种）、接触时间；（三）工作场所职业病危害因素定期检测等相关资料。另根据该法第十三条规定：职业健康检查机构应当依据相关技术规范，结合用人单位提交的资料，明确用人单位应当检查的项目和周期。因此，职业健康检查机构就是依据企业提供的劳动者职业病危害接触史来确定具体的体检项目和周期。

劳动者签字确认职业病危害接触史是职业健康检查的重要环节，然而在相关法律法规中却没有明确规定。职业健康检查是企业与体检机构之间签署委托协议，或由劳动者个人持介绍信完成，其本质是完成一个体检服务的合同。虽然签字只是其中的一个程序，但是却表示劳动者对体检项目及服务合同内容的认可。如果没有劳动者的认可，这个服务合同即无法有效完成。因此，职业健康检查机构作为提供体检服务的一方，应重视签字确认环节，以避免之后的法律纠纷。

二、职业健康检查对象的界定

1. 偶尔接触职业病危害的人员是否需要开展职业健康检查

【案例】某物业管辖的小区有扇铁门坏了，物业聘请日常对小区楼道水电进行维修的师傅，对铁门进行焊接维修，结果导致废气中毒，经职业病诊断机构诊断为职业病。在此案例中有两个问题需要讨论：一是该师傅是否可定义为接触职业病危害因素的劳动者；二是今后物业是否需要安排所有的维修人员都进行职业健康检查？

【解答与分析】这起事件应该属于安全生产事件，只是该事件中引起维修师傅中毒的危害因素刚好在职业病危害因素分类目录内，但这一危害因素日常并不接触，是否需要开展职业健康检查，需视具体情况而定。

日常工作中并不接触职业病危害因素的劳动者，因工作活动中遇到的突发事件而接触职业病危害因素分类目录中的某种危害因素而导致健康损害的案例比较多，是否需要开展日常职业健康检查需要辨明事件性质，判断是否符合职业健康检查对象的界定。

根据《职业病防治法》（2018 年修正）第三十五条规定，对从事接触职业病危害作业的劳动者，用人单位应当按照国务院卫生行政部门的规定组织上岗前、在岗期间和离岗时的职业健康检查，并将检查结果书面告知劳动者。对于日常工作中并不接触职业病危害因素，只是在意外情况下不慎接触的劳动者，法律上无明确的强制性规定。此外，根据职业健康监护人群的界定原则，如果工作中只是偶尔接触，按照职业中毒的剂量 – 效应原理，理论上仅存在急性中毒的可能。因此，在岗期间定期健康检查为推荐性的，原则上可根据用人单位的安排接受健康监护。因此，该类劳动者不应做强制性的在岗期间职业健康检查。

2. 间接接触职业病危害的人员是否需要开展职业健康检查

【案例】某金属加工企业有一生产车间，面积较大，其中有冲床岗位，也有包装岗位，冲床岗位噪声检测超过国家职业接触限值，该岗位的所有劳动者均参加了噪声作业的职业健康检查，那么包装岗位的劳动者是否也要参加噪声作业的职业健康检查呢？

【解答与分析】作为职业健康检查机构的主检医师不能随意回答间接接触人员是否需要开展职业健康检查，应根据 GBZ 188 对职业健康监护人群的界定原则，根据劳动者所在岗位的职业病危害因素暴露情况而决定，如工作场所职业病危害因素的浓度或强度、个体累计暴露的时间长度、内暴露检测结果等，再确定需要开展健康监护的人群。可以依据企业“三同时”对各岗位职业病危害因素的识别、检测和评价结果，也可以根据日常职业病危害因素检测数据来判断是否需要开展职业健康检查。

三、劳动者接触未纳入 GBZ 188 的职业病危害因素的职业健康检查

1. 针对接触未包括在 GBZ 188 中的职业病危害因素的劳动者如何开展职业健康检查

【案例】如有机合成中的乙基化剂溴乙烷，属于中等毒性化学物，在 GBZ 188 中未列出，也没有相应的职业病诊断标准，但大量吸入该物质会产生麻醉作用（急性毒性），动物试验也表明该物质具有肝脏损害的慢性毒作用，如用人单位要求开展职业健康监护，如何确定监护内容和方法？

【解答与分析】对于目前未包括在 GBZ 188 中的职业病危害因素，GBZ 188 规定需通过专家评估后确定职业健康检查的方法和内容。

目前 GBZ 188 中纳入的职业病危害因素包含 65 种 / 类化学物、9 种 / 类粉尘、8 种物理因素、5 种生物因素、11 种特殊作业人员，与 2021 年颁发的《职业病危害因素分类目录》（国卫疾控发〔2021〕92 号）中的职业病危害因素种类相比差异较大，其中相当多的职业病危害因素没有对应的职业健康检查相关技术规范，需要通过专家评估。评估内容主要包括：有一定量的暴露人群；有毒理学或流行病学证据表明其存在损害劳动者健康的可能性；有开展健康监护的正确、有效、可信的方法等。从本例情况来说，根据已有的资料，在确定目标疾病和检查项目时应以考虑慢性毒作用为主，即主要关注其肝毒性，从而确定职业健康检查的内容和方法。但是因为专家评估程序复杂、评估数量庞大且耗时较长，如何建立一个简易的标准或程序是一个今后值得探讨的问题。

2. 未纳入职业病危害因素分类目录的有害因素如何开展职业健康检查

【案例】2000 年美国堪萨斯州一位职业医师向密苏里州卫生行政部门报告了 8 例混合性气道阻

塞可疑病例。这些患者都是爆米花生产厂的劳动者，都很年轻，因此烟草不太可能是致病因素。有些患者病情严重甚至需要接受肺移植。这些患者的胸部X射线摄片没有明显异常，且这些患者对支气管扩张剂或抗菌素没有明确反应，能够排除哮喘。因此，研究人员怀疑这些患者可能是患了特殊的闭塞性细支气管炎。通过4年的流行病学调查以及分析不同工种劳动者可能暴露的各种化学物质，最终鉴定出主要的可疑物质是爆米花中使用的香料。再通过气相色谱技术，在香料中鉴定出100多种挥发性物质，在这100多种物质中，最主要的“元凶”是丁二酮（2,3-丁二酮）、乙酰啊，一种使爆米花有黄油样香味的物质。

【解答与分析】对于目前未包括在《职业病危害辅弼分类目录》中的有害因素，如果在国内外有报道能引起劳动者慢性健康损害的，应及时对接触的劳动者开展职业健康检查。

四、离岗后医学随访的科学性

【案例】某些职业病危害因素具有迟发性发病特点，离岗后需要继续观察。如某企业从事石材开采和加工，有近60名接触二氧化硅粉尘的作业人员。因企业停产，当时离岗时健康检查发现10余名疑似尘肺病患者。3年后，一名离岗时未发现是疑似尘肺病的劳动者因咳嗽、胸闷等症状被诊断为尘肺贰期，此后又有一些当时未发现尘肺病的劳动者相继去医院检查，有数十名劳动者被诊断为尘肺病，从而导致群体事件，给当地政府带来很大压力。

【解答与分析】职业病危害因素的性质决定了对机体是否存在迟发性效应，因此，劳动者在离岗以后需继续随访以观察其后期的健康影响。随访的周期、项目和随访时间以该危害因素的性质、劳动者的接触时间、工作场所外暴露水平等因素综合考虑确定。需要开展离岗后医学随访的主要职业病危害因素有石棉、二氧化硅粉尘、锰及其无机化合物、金属铍、致职业性肿瘤的化学物等。

五、职业健康检查与普通健康检查的关系

1. 职业健康检查与其他健康检查在某些检查项目中虽然内容相似，但检查方法以及诊断疾病的价值不同时如何处理

【案例】GBZ 188鼓励用人单位将职业健康检查与普通健康检查结合，如果用人单位要求粉尘作业人员做胸部CT，是否还要拍摄高千伏胸片，还是当胸部CT改变显示可能与粉尘作业有关时，再检查高千伏胸片？

【解答与分析】普通健康检查项目与职业健康检查必检项目内容相似，但方法以及诊断疾病的价值不同时，则要考虑其相互影响，最明显的例子就是胸部CT和高千伏胸片。因为我国目前的尘肺病诊断标准是以高千伏胸片为依据，尚无胸部CT的影像学标准，如果没有高千伏胸片，则无法下职业健康检查结论。因此，在这种情况下必须先完成高千伏胸片，才可以增加胸部CT检查。

2. 职业健康检查与普通健康检查合并开展怎么出报告

【案例】某企业开展本年度职业健康检查时要求职业健康检查机构同时为员工做普通健康检查。因此，增加了许多检查项目，部分员工出现血脂异常、肿瘤标志物异常等情况，职业健康检查机构将普通健康体检的所有检查结果都纳入职业健康检查个体报告和总结报告，引起员工恐慌和反感，认为侵犯了员工的隐私权。

【解答与分析】随着生活水平的提高，越来越多的企业在职业健康检查中增加了额外的医学检查项目，如血脂、肿瘤标志物、碳14呼气试验、骨密度检查、胸部CT等。这些检查项目一般与职业

健康检查的必检项目无交集，对检查结论不会产生明显的影响，但如果将所有检查结果都纳入职业健康检查个体报告、总结报告是涉嫌侵犯劳动者隐私的，应该分别出具职业健康检查个体报告、总结报告和健康体检报告，在职业健康检查的相关报告中只需体现必检项目的结果。

六、明确职业健康检查种类的严肃性

【案例】在 2024 年某省职业健康检查质控中心对辖区内职业健康检查机构开展质控工作中，发现有多家煤业公司的劳动者为噪声作业的职业禁忌证，并在复核过程中发现该体检机构对这批劳动者的体检类别均是“上岗前职业健康检查”，而劳动者自诉其工龄甚至达到了 30 年之久。根据 GBZ 188 规定的 4 种结论，这类人员只能被判定为“职业禁忌证”。但实际情况是这些劳动者多年暴露于噪声环境，已经达到了诊断“职业性噪声聋”的条件，但是因为企业执意要做上岗前检查，而体检机构为了完成该项体检业务，根据企业要求的体检类别判定为上岗前职业禁忌证，导致这部分“疑似职业性噪声聋”患者漏诊。

【解答与分析】错误的体检类别会造成错误的体检结论。因此，在职业健康检查中，体检机构应严格把握体检类别，以避免错误的发生，对企业的无理要求应予以阻止，并及时汇报到相关部门。

GBZ 188 中规定的职业健康检查分为上岗前职业健康检查、在岗期间职业健康检查和离岗时职业健康检查三种，根据不同的体检类别同样的检查结果可能表现不同的体检结论。因此，体检类别是职业健康检查中确定体检结论的关键因素。

同样的检查结果而不同体检类别所得到的体检结论存在很大的差异，如双耳高频平均听阈 ≥40dB 在上岗前检查中会被判定为职业禁忌证，而在在岗期间和离岗时职业健康检查中会根据听阈加权值有所不同，如双耳或较好耳听阈加权值 <26dB，则结论为其他疾患或异常；如双耳听阈加权值经复查后仍≥26dB，则为疑似职业性噪声聋。因为不同类别的职业健康检查其目标疾病也有所不同，上岗前职业健康检查的目标疾病是职业禁忌证，即使检查发现符合疑似职业病的情况也不能下“疑似”的结论。作为补救措施可以建议劳动者去职业病诊断机构进一步诊断，但是这个体检结论已经影响了卫生健康行政部门对体检结果的统计判断和劳动者本人后续的职业病诊断。因此，在职业健康检查中应严格把握体检类别，以避免出现类似的错误。

七、复查对及时诊断职业病的重要性

【案例】杨某，男，49 岁，2009 年 5 月入职某集团股份有限公司，2009 年 5 月至 2023 年 3 月从事焊工工作，接触电焊弧光、电焊烟尘、噪声等职业病危害因素。公司从 2011 年才逐步开始规范开展职业健康检查工作，但前期未将噪声识别为职业病危害因素。杨某在 2009 年入职时并未做上岗前职业健康检查，2011—2022 年几乎每年均进行职业健康检查。2016 年体检的纯音听阈气导结果显示，其右耳听阈加权值 34dB，左耳听阈加权值 40dB，双耳高频平均听阈 48dB。结论：疑似感音神经性聋，建议暂脱离噪声作业 48 小时后复查纯音听阈（气导 + 骨导），但受检者未进行复查。2021 年 1 月纯音听阈测试（气导）结果显示：较好右耳听阈加权值 54dB，双耳高频平均听阈 63dB，建议暂脱离噪声作业 48 小时后复查纯音听阈（气导 + 骨导），但受检者仍未进行复查。2022 年 5 月 7 日初查纯音听阈气导结果显示：较好耳左耳听阈加权值为 61dB，双耳高频平均听阈 76dB，建议脱离噪声作业环境一周后复查纯音听阈（气导 + 骨导）。2022 年 11 月 14 日复查纯音听阈（气导 + 骨导）结果显示：较好耳左耳听阈加权值 45dB，双耳高频平均听阈 67dB，建议脱离噪声作业环境一周后再复查纯音听阈，但是受检者未去复查。2023 年杨某离岗体检时，纯音听阈气导：右耳听阈加权值 64dB，左耳听阈加权值 70dB，双耳高频平均听阈 77dB；纯音听阈骨导：右耳听阈加权值 59dB，左耳听阈加权值 56dB，双耳高频平均听阈 62dB。结论：双耳感音神经性听力损失。建议：①脱离噪声环境 3 天后复查纯音气骨导听阈测试；②职业病诊断门诊咨询。2024 年 1 月某市疾病预防控制中心诊断为职业性中度噪声聋。

【解答与分析】体检机构发现目标疾病——疑似职业病时需进行复查。复查是检查时发现与目标疾病相关的单项或多项异常，需要复查确认者。然而复查只是一个过程而不是结论。如果劳动者由于各种原因未去复查，可造成体检机构不能出具最终结论，也影响了劳动者后续的职业病诊断。

劳动者有 15 年噪声作业史，入职 7 年后（2016 年）发现疑似感音神经性聋，语频和高频听力均有损失，但是未去复查。2021 年、2022 年未按照体检机构的要求进行相关复查，也未及时脱离噪声岗位，致使劳动者的听力损失进一步加重，导致 2024 年诊断为职业性中度噪声聋。因此，需要认识到复查是职业健康检查的一个重要环节，是发现目标疾病的重要途径，切不可忽视。如果不能按照体检机构的要求及时复查，一方面可造成体检机构不能出具体检结论；另一方面也可造成劳动者职业病诊断的延误和健康损害的加重。对此，有些地方的卫生行政机构建议，在这种情况下体检机构可按照初检的结果出具结论。

此外，GBZ 188 中规定，噪声在岗期间纯音气导听阈测试为必检项目，骨导为选检。由于职业健康检查人员集中，工作量大，噪声作业初检只做气导已成共识。然而纯音气导听阈异常往往难以确定听力损失的类型，因而在复查时应同时做纯音气导和骨导听阈测试以资鉴别。

八、体检替检的不良后果

【案例】彭某，男，48 岁，1998—2023 年间断在多个省的不同私营有色金属矿从事风钻工作，最短 1 年，最长 3 年，总工龄约 14 年，工作中佩戴防护口罩。早期无体检资料。

2021 年 4 月 15 日及 2022 年 2 月 23 日，用人单位安排劳动者在当地中医院（备案职业健康检查资质）进行职业性粉尘作业人员的上岗前、在岗期间职业健康检查，体检胸片结果均为正常。2022 年 5 月进入最后一家用人单位并于 2022 年 6 月 10 日由用人单位委托当地一家民营体检机构（备案职业健康检查资质）进行职业性粉尘作业人员上岗前职业健康检查，体检胸片结果均为正常。

2023 年 9 月 12 日在某市疾控中心进行职业性粉尘作业人员离岗时职业健康检查，结论为疑似职业性矽肺病。2024 年 4 月 28 日某市疾控中心诊断为职业性矽肺贰期。用人单位对诊断结论不服提出鉴定申请，2024 年 5 月 16 日市级职业病诊断鉴定结论为职业性矽肺贰期。

经调阅资料对比分析：2021 年 4 月 15 日及 2022 年 2 月 23 日受检者体检胸片非受检者本人（替检），2022 年 6 月 10 日胸片结论为漏诊。

【解答与分析】个别劳动者在职业健康检查时为了能够上岗或保持目前岗位而找人替检。从表面上看这只是一个与其个人利益相关的行为，但是，这种行为实际上不仅侵害了用人单位的权益（我国职业健康监护的责任主体是用人单位），也造成了劳动者本人职业病诊断的延误和身体的健康损害。

目前私营小型企业（特别是矿山类）普遍存在招工难、劳动者流动性大等问题，入职几天、几周就离职的情况较常见，用人单位法律意识淡薄，未按照《职业病防治法》（2018 年修正）的要求严格开展上岗、在岗、离岗时职业健康检查，使职业健康监护工作不能正常开展，从而不能及时发现目标疾病——职业禁忌证和疑似职业病，造成劳动者的健康损害和企业利益的受损。

职业健康检查机构把关不严，体检过程中未严格核实受检者身份，导致2021年4月15日及2022年2月23日体检胸片均为替检，给受检者及用人单位带来不利影响。

九、关注检验、科研等岗位人员的职业健康

【案例】病理科是医院重要的医技科室之一，主要负责接收院内各临床科室送检的活体组织、痰液、尿液、胸腹腔积液等生物标本，通过对标本进行固定、取材、脱水、包埋、切片、染色、封片、镜检等技术，进行病理诊断，指导临床治疗。处理标本时，需要使用甲醛、冰醋酸、二甲苯、强酸强碱等化学试剂，其中多数具有较强的毒性、致癌性，长期接触会对人体健康造成损害。

某医院在制订本院医务人员体检计划时，仅将放射工作人员单独列出，纳入放射工作人员职业健康检查，其他医务人员均进行常规健康体检。该医院病理科有3名女性医务人员怀孕不久后出现流产的现象，且病理科工作人员均出现不同程度的流泪、头晕、头痛、咳嗽、流涕等症状。该医院委托当地疾控中心进行现场检测，发现甲醛检测结果为0.93mg/m^3，国家标准中甲醛最高容许浓度为0.5mg/m^3，超标近两倍；二甲苯检测结果为1.05mg/m^3，国家标准的职业接触限值为50mg/m^3，未超标。除上述两种常见的职业病危害因素，还检测出DAB（二氨基联苯胺），以及试剂配制过程中经常用的强酸、强碱、丙酮、甲醇、氧化汞等毒害物质，均存在超标情况。离心机安装不平稳，噪声强度达到90dB。此外，病理科医务人员在接收标本时，还可能通过空气传播、接触传播、医源性传播等途径感染乙型肝炎病毒、流感病毒、结核分枝杆菌等致病微生物。

【解答与分析】病理科、检验科及医学科研中均存在不同程度的职业危害，其中病理科的危害因素不仅种类多，且具有代表性。但医院对病理科的职业卫生管理工作不够重视，将病理科纳入职业健康监护的医院较少，相关医务工作人员的重视程度和预防措施也不足。

由于历史和传统的原因，通常未将检验、病理、科研等岗位的工作人员纳入职业健康监护的范畴，使得这部分实际接触职业病危害因素的从业人员得不到应有的健康保障。这部分人群的接触特点是接触的危害因素种类众多，接触的剂量差异较大，工作的空间相对狭小封闭，个人及设备防护都有不足。因此，相关医院及机构应该加强对病理科等科室的职业卫生管理，加强工作场所职业病危害因素定期检测和日常监测，采用优化通风设备、疏通排水，使用空气净化装置，设置清洁等级分区等措施减少有毒有害气体、液体的蓄积，发放并督促医务人员佩戴合格的防毒全面罩及防护服等个人防护用品。同时应强化职业病防治相关知识的培训，正确识别病理科等科室接触的职业病危害因素，定期开展职业健康检查，保证病理科等科室医务人员的身体健康。卫生健康行政部门也应认识到这一问题的存在，积极推动将病理、科研等岗位逐步纳入职业健康监护管理的范畴。

十、上岗前职业健康检查到底是针对岗位还是用人单位

【案例】一名劳动者之前在一家用人单位从事电焊工作，之后又去另一家用人单位也是从事电焊作业，那么他到底应该做上岗前还是在岗期间职业健康检查？

【解答与分析】目前这一劳动者在体检机构一般做的都是上岗前职业健康检查。但是，有些专家对此提出异议，认为劳动者的岗位和接触危害因素不变，变更的只是劳动关系，按照职业健康监护的理论，应该属于在岗期间职业健康检查。这个问题虽然有争议，但是按照我国目前的法律、制度等因素，按“上岗前职业健康检查”似乎更有实际意义。

首先，上岗前职业健康检查在ILO的相关理论及GBZ 188定义中都是针对岗位或职业病危害因

素的，而不是针对“劳动关系变更”，也就是说，从职业健康检查的种类定义而言，应属于在岗期间的职业健康检查。但是也有专家认为，虽然“劳动关系变更”后劳动者从事相同的作业岗位，但在新的工作环境中也可能存在新的或之前未被发现的健康风险。其次，随着时间的推移，个人的健康状况也可能发生变化，通过上岗前职业健康检查，重新评估其是否适合从事该岗位，避免因劳动者本身的健康问题在新的工作环境中引发职业病或加重健康损害。再次，重新进行上岗前职业健康检查也是新用人单位的主体责任，符合法律的要求。《职业病防治法》（2018 年修正）第三十五条规定：“对从事接触职业病危害的作业的劳动者，用人单位应当按照规定组织上岗前、在岗期间和离岗时的职业健康检查，并将检查结果书面告知劳动者。用人单位不得安排未经上岗前职业健康检查的劳动者从事接触职业病危害的作业。”最后，因工伤保险缴纳、发现职业病后的相关赔偿等因素，使得新的用人单位需对其招聘的劳动者进行健康评估。虽然目前还存在不同意见，但是“上岗前职业健康检查”在现实中更具可操作性。因为如果仅针对岗位，按照在岗期间职业健康，则后续用人单位将可能面临一定的法律风险。

十一、上岗前职业健康检查是否应该予以复查

【案例】高温作业人员上岗前体检发现血糖增高（空腹血糖≥7.0mmol/L，餐后 2 小时血糖≥11.1mmol/L）或血压增高（按目前的临床诊断标准，收缩压≥140mmHg，舒张压≥90mmHg），是否应该复查？

【解答与分析】上岗前体检如果发现检查指标达到目标疾病——职业禁忌证的程度时，应该建议复查。如果复查以后检查指标仍未改善，可给予职业禁忌证的结论。

GBZ 188 中高温的职业禁忌证有未控制的高血压、未控制的糖尿病等，如果检查中发现这些检查指标异常升高，应予复查后再下结论。

同理，因为关系到劳动者的就业问题，在上岗前和在岗期间职业健康检查中，凡是涉及职业禁忌证的，下结论的时候应该慎之又慎。因此，未经复查就出具职业禁忌证的结论显然是不合适的。此外，理论上职业禁忌证是一个相对的动态结论，只是反映劳动者在某一时间段不适合当前的工作，随着治疗后病情好转或劳动条件的改善，这个结论可以随之改变，但是也不应该绝对泛化，如慢性阻塞性肺疾病、慢性间质性肺疾病等明确诊断后即不应从事粉尘等相关作业。

十二、健康损害未达到疑似职业病程度的检查结论如何出具

【案例】如果在岗期间或离岗时职业健康检查结果显示已经有一定的健康损害，但是未达到疑似职业病的程度，体检结论应该如何下？如纯音听阈检查：双耳高频平均听阈≥40dB，双耳听阈加权值均 <26dB（或较好耳听阈加权值 <26dB）；又如，高千伏胸片上小阴影的范围尚未达到疑似尘肺病的程度，如总体密集度为 I 级的小阴影，分布范围未达到 2 个肺区（石棉粉尘除外）。

【解答与分析】按照目前 GBZ 188 中的个体体检结论，如果检查结果有异常，但是未达到疑似职业病的程度，那么只能出具“其他疾患或异常”的结论。但是，这个结论没有真正反映劳动者的健康损害情况，有待改进和完善。

在在岗期间或离岗时职业健康检查中会经常遇到这样的问题，如听力检查的结果已经出现异常，但是尚未达到疑似噪声聋的程度；又如，接触矿物性粉尘的劳动者检查，高千伏胸片的小阴影的范围未达到疑似尘肺的程度，而是出现所谓“0+”改变。按照目前的 GBZ 188 中的 4 种个体体检结论，能够出具的似乎只有“其他疾患或异常”。但是，这个结论的定义可能存在理解上的偏差，不能准确

反映劳动者的健康损害情况。因此，建议在今后 GBZ 188 的修订中，修改体检结论的种类，并对于个体体检结论做进一步修改。

十三、复查时是否需要使用功能更加完备的检查设备

【案例】接触酸雾、酸酐的离岗时职业健康检查需做肺功能检查，体检机构在初次检查时一般使用简易的肺功能仪检测用力肺活量（FVC）、第一秒用力呼气容积（FEV_1）、“一秒率”（FEV_1/FVC）等作为筛查的指标。当这些检查指标出现异常时，是否需要使用功能更加完备的肺功能仪进行复查？

【解答与分析】受条件所限，在初次检查时体检机构往往采用相对简易的设备，对于体检初筛的结果一般没有显著影响。而复查时为了更加准确地判断是否存在目标疾病，通常需要功能更加完备和准确性更高的设备进行检查，以避免检查数据的误差，影响结论的准确性。

体检机构在初检时由于体检人员较为集中，工作量较大，往往采用较为简易的检查设备，如便携式的简易肺功能仪、纯音听力计等。但是这些检测设备由于受现场环境、受检者的配合程度、设备性能等因素影响，检测结果可能会出现一定的偏差。因此，在复查时通常使用性能更加完备的设备，更真实地反映受检者的生理机能状况，从而为主检医师提供更客观、可靠的数据，避免结论的误差。

十四、转岗到不同的工种应该做上岗前检查

【案例】劳动者在同一家用人单位工作，因工作需要而转岗时，还需要做上岗前职业健康检查吗？

【解答与分析】劳动者在不同的工作岗位间转岗，由于接触的职业病危害因素不同，应该做上岗前职业健康检查。

虽然劳动者在同一家单位工作，但是不同的工作岗位接害因素不同。如果转岗前不做上岗前职业健康检查，对于劳动者一则可能并不适应新的工作岗位，二则可能自身已经存在一定的健康损害，从事新的工作岗位后可能会进一步加重，甚至达到疑似职业病的程度。对于用人单位而言，认为是在同一个单位内，不做上岗前职业健康检查没有法律上的风险，但其实存在很大的隐患。一是可能加重工人的健康损害；二是可能有发生职业病的风险。因此，不做上岗前职业健康检查对于双方来说都存在相当的法律风险，切不可因为怕麻烦而忽视。

附录 1　《职业健康监护技术规范》（GBZ 188—2025）

扫码查看相关资料

附录 2 《职业健康监护技术规范》修订主要变化对照表

要点	GBZ 188—2014	GBZ 188—2025
职业禁忌证判定原则	4.3 中　本标准规定职业健康监护目标疾病分为职业病和职业禁忌证。在确定职业禁忌证时，**应注意以为劳动者提供充分就业机会为原则**。从这个意义上讲，应强调有职业禁忌的人员在从事接触特定职业病危害因素作业会更易导致健康损害的必然性。	4.3 中　本标准规定职业健康监护目标疾病为职业病和职业禁忌证。在确定职业禁忌证时，应注意有职业禁忌证的人员在从事接触特定职业病危害因素作业时更易导致健康损害的必然性，**在保证劳动者安全健康的前提下以为劳动者提供充分就业机会为原则**。 A.5　**判定是否为职业禁忌证时，需要综合分析个体的健康状况、职业病危害因素的接触情况以及个体对岗位的适应程度。职业禁忌证不是一成不变的，判定为职业禁忌证的劳动者经治疗后恢复的，可再次进行上岗前职业健康检查，未见相应目标疾病的，可从事相关岗位的作业。在岗期间职业健康检查发现的健康损害应与所接触的特定职业病危害因素所致的健康损害相鉴别**（见 GBZ/T 260）
对特殊作业人群职业健康监护的说明	4.4.5　有特殊健康要求的特殊作业人群应实行强制性健康监护。	4.4.5　**电工作业、高处作业、压力容器作业为高风险作业，操作不当可能造成事故或带来意外伤害，实行强制性健康监护；职业机动车驾驶作业考虑道路交通安全和劳动者人身安全，实行强制性健康监护；视屏作业相对传统有害作业为新作业方式，为积极预防可能的健康影响，实行推荐性健康监护；高原作业、航空作业、刮研作业、井下工人长期蹲跪姿、爬行、侧卧、肩扛作业、制造业工人长时间腕部重复作业或用力作业、参与突发事件处置的应急救援作业可导致法定职业病，有相应的职业病诊断标准，实行强制性健康监护。**
职业健康监护人群的确定	4.5.4　根据不同职业病危害因素暴露和发病的特点及剂量–效应关系，主要根据工作场所有害因素的浓度或强度以及个体累计暴露的时间长度和工种，确定需要开展健康监护的人群；**可参考 GBZ/T 229 等标准**。	4.5.4　根据不同职业病危害因素暴露和发病的特点及剂量–效应关系，主要根据工作场所有害因素的浓度或强度以及个体累计暴露的时间长度和工种，确定需要开展健康监护的人群。 4.5.5　**用人单位根据有资质的职业卫生技术服务机构提供的工作场所职业病危害因素定期检测、职业病危害因素控制效果评价报告和用人单位职业病危害现状评价报告，确定接触职业病危害因素劳动者名单，并提交给职业健康检查机构。**
离岗时职业健康检查的豁免条件	4.6.1.3　如最后一次在岗期间的健康检查是在离岗前的 90d 内，可视为离岗时检查。	4.6.1.3　如最后一次在岗期间的职业健康检查是在离岗前的 90d 内，**且该岗位工艺流程、使用原辅材料、操作方式、防护措施无变化的**，视为离岗时检查。 **如劳动者在从事职业病危害作业或岗位的 30d 内离岗，且该岗位危害因素低于职业接触限值的，免于离岗时检查。**

续表

要点	GBZ 188—2014	GBZ 188—2025
职业健康检查个体报告的告知与送达	4.8.3 每个受检对象的体检表，应由主检医师审阅后填写体检结论并签名。**体检发现有疑似职业病、职业禁忌证、需要复查者和有其他疾病的劳动者要出具体检结论报告，包括受检者姓名、性别、接触有害因素名称、检查异常所见、本次体检结论和建议等。**个体体检结论报告应一式两份，**一份给劳动者或受检者指定的人员，一份给用人单位。**	4.8.2.1 每份受检对象的职业健康检查表应由主检医师审阅后填写体检结论并签名。**个体报告应在规定的时间内书面送达用人单位。** A.12 中 **为方便劳动者，所有职业健康检查机构应开通个体体检结果的网络查询，或将职业健康检查个体电子报告直接推送给受检人本人，并推送相关职业病防治知识。**
个体职业健康检查结论	4.8.3 根据职业健康检查结果，对劳动者个体的体检结论可分为以下 **5 种**： a. 目前未见异常：本次职业健康检查各项检查指标均在正常范围内； b. **复查：检查时发现与目标疾病相关的单项或多项异常，需要复查确定者，应明确复查的内容和时间；** c. 疑似职业病：检查发现疑似职业病或可能患有职业病，需要提交职业病诊断机构进一步明确诊断者； d. 职业禁忌证：检查发现有职业禁忌的患者，需写明具体疾病名称； e. 其他疾病或异常 除目标疾病之外的其他疾病或某些检查指标的异常。	4.8.2.2 根据职业健康检查结果，劳动者个体健康检查结论可分为以下 **4 种**： a. 目前未见异常：本次职业健康检查各项检查指标均在正常范围内； b. 疑似职业病：健康检查发现劳动者可能患有职业病，**应出具疑似职业病告知书，并在建议中明确提出劳动者至**职业病诊断机构进一步明确诊断，**疑似职业病界定按 GBZ/T 325 的规定执行；** c. 职业禁忌证：健康检查发现劳动者有职业禁忌证，需写明**职业禁忌证所对应的职业病危害因素**、具体疾病名称**或异常情况，职业禁忌证界定按 GBZ/T 260 的规定执行；** d. 其他疾病或异常：除目标疾病之外的其他疾病或**未达到目标疾病的**某些检查指标的异常。
职业健康检查总结报告的内容与告知	4.8.2 体检总结报告是健康体检机构给委托单位（用人单位）的书面报告，是对本次体检的全面总结和一般分析，内容应包括：受检单位、职业健康检查种类、应检人数、受检人数、检查时间和地点，体检工作的实施情况，发现的疑似职业病、职业禁忌证和其他疾病的人数和汇总名单、处理建议等。个体体检结果可以一览表的形式列出花名册。	4.8.3 职业健康检查总结报告是职业健康检查机构给委托单位（用人单位）的书面报告，是对本次职业健康检查的全面总结和分析，内容应包括：受检单位、职业健康检查种类、委托健康检查人数、实际检查人数、检查时间和地点、健康检查工作的实施情况、发现的疑似职业病、职业禁忌证和其他疾病的人数和汇总名单、处理建议等。**如有未完成复查 / 补充检查者，报告中应列出未完成人员名单，包括受检者姓名、性别、接触有害因素名称、检查结果及需复查 / 补充检查的项目。此后出具的复查 / 补充检查报告内容包括：受检者姓名、性别、接触有害因素名称、首次检查及复查 / 补充检查结果、本次体检结论、处理建议等。**个体职业健康检查结果可用一览表的形式列出。**职业健康检查总结报告应在规定的时间内书面告知用人单位。**
职业健康检查结果的告知和报告	4.8.5 职业健康检查机构应按统计年度汇总职业健康检查结果，并应向卫生计生行政部门报告，向作业场所职业卫生监督管理部门通报。	4.8.5 职业健康检查机构发现疑似职业病时，**应当告知劳动者本人并及时通知用人单位，**同时向所在地卫生健康主管部门报告。**发现职业禁忌证时，应当及时告知用人单位和劳动者。职业健康检查机构应按相关规定，加强职业健康检查信息的统计报告工作。**
职业健康检查档案定义	4.9.1 **职业健康监护档案是健康监护全过程的客观记录资料，是系统地观察劳动者健康状况的变化，评价个体和群体健康损害的依据，其特征是资料的完整性、连续性。**	4.9.1 **职业健康检查档案是在职业健康检查过程中形成的具有保存价值的各种文字、图表、声像等不同形式的历史记录。**

续表

要点	GBZ 188—2014	GBZ 188—2025
职业健康检查档案内容	4.9.2 劳动者职业健康监护档案包括： a. 劳动者职业史、既往史和职业病危害接触史； b. 职业健康检查结果及处理情况； c. 职业病诊疗等健康资料。 4.9.3 用人单位职业健康监护档案包括： a. 用人单位职业卫生管理组织组成、职责； b. 职业健康监护制度和年度职业健康监护计划； c. 历次职业健康检查的文书，包括委托协议书、职业健康检查机构的健康检查总结报告和评价报告； d. 工作场所职业病危害因素监测结果； e. 职业病诊断证明书和职业病报告卡； f. 用人单位对职业病患者、患有职业禁忌证者和已出现职业相关健康损害劳动者的处理和安置记录； g. 用人单位在职业健康监护中提供的其他资料和职业健康检查机构记录整理的相关资料； h. 卫生行政部门要求的其他资料。	4.9.2 职业健康检查档案包括： a. 职业健康检查的文书，包括委托协议书、职业健康检查总结报告和告知材料； b. 用人单位提供的相关资料； c. 其他有关材料。
常规医学检查	4.10.1 职业健康检查包括常规医学检查项目和特殊医学检查项目。常规医学检查项目是指作为一般健康检查和大多数职业病危害因素的健康检查都需要进行的检查项目，为了表述的规范化和简洁方便，本标准把常规医学检查项目的内容在本章做了具体规定，常规检查方法见附录B。特定的职业病危害因素需要进行常规医学检查项目之外的其他医学检查，需在相应的地方给予具体的规定。	4.10 职业健康检查包括常规医学检查项目和特殊医学检查项目。常规医学检查项目是指作为一般健康检查和大多数职业病危害因素的健康检查都需要进行的检查项目。**劳动者进行职业健康检查时均应填写个人基本信息资料并检测一般医学生理指标，在此后具体职业病危害因素的检查中不再赘述。**特定的职业病危害因素需要进行常规医学检查项目之外的其他医学检查，在相应的地方给予具体的规定。
神经系统常规检查	4.10.2.5 包括意识、精神状况，腱反射、浅感觉、深感觉。	B.1.4.2 包括意识、精神状况，**运动功能（肌力、肌张力、不自主运动、共济运动）、感觉功能（浅感觉、深感觉、复合感觉）和神经反射（浅反射、深反射、病理反射、脑膜刺激征）**检查。
肝功能	4.10.2.7.3 肝功能：血清丙氨酸氨基转移酶（血清 ALT）、血清 γ- 谷氨酰转肽酶（GGT）、血清总胆红素、总蛋白和白球蛋白。	B.1.5 c）肝功能：血清丙氨酸氨基转移酶（ALT）、**血清天门冬氨酸氨基转移酶（AST）**、血清 γ- 谷氨酰转肽酶（GGT）、血清总胆红素（T-Bil）、**血清直接胆红素（D-Bil）**、总蛋白和白蛋白**（如使用自动生化分析仪，则包括可同时检测的其他肝功能指标）**
肺功能	4.10.2.7.6 肺功能：指肺通气功能测定，测定指标包括：用力肺活量（FVC）、第一秒用力肺活量（FEV1）和用力肺活量一秒率（FEV1/FVC%）。	B.1.5 g）肺功能：指肺通气功能测定，测定指标包括：用力肺活量（FVC）、**用力肺活量占预计值百分数（FVC%）**、第一秒用力呼气容积（FEV1）、**第一秒用力呼气容积占预计值百分数（FEV1%）**和一秒率（FEV1/FVC%）

续表

要点	GBZ 188—2014	GBZ 188—2025
标准性质说明	A.1　本标准是国家规定的职业健康检查的基本技术规范，也是开展职业健康检查的基本要求。	A.1　本标准是开展国家规定职业健康检查的技术规范，也是开展职业健康检查的基本要求。**用人单位组织开展的其他医学健康检查不能替代职业健康检查，鼓励用人单位将职业健康检查与其他医学健康检查相结合。** **在不影响职业健康检查目标疾病的筛查、且用人单位和劳动者知情同意的情况下，职业健康检查（除外上岗前检查）可选择更精准的检查手段，如：硬金属粉尘，在岗期间检查项目中可使用胸部 CT 代替 X 射线胸片检查。检查项目的选择由主检医师确定。**
上岗前职业健康检查项目的补充说明		A.2　本标准所指职业健康损害指用人单位的劳动者在职业活动中因接触职业病危害因素导致的健康损害。**本标准中所有职业病危害因素的上岗前检查项目均包括血常规、尿常规、肝功能、心电图四项，目的是建立劳动者基础健康档案。在确定本标准未包括的其他职业病危害因素的上岗前检查项目时，除考虑目标疾病外，亦应包括上述四项检查。**
复查/补充检查的目的、程序、期限		**A.3　受检者与目标疾病有关的某项或几项检查指标异常时，可由主检医师视需要进行复查或补充检查以确定异常性质。进行复查/补充检查时应出具书面通知，明确检查对象、内容和时间。复查/补充检查原则上应在总结报告出具前进行。如在首次检查的 30 个工作日内未完成复查/补充检查，职业健康检查机构可先出具职业健康检查总结报告，对未完成复查/补充人员注明暂无个体结论，在复查/补充检查结果出来后出具复查/补充检查报告。3 个月未完成复查/补充检查者，应重新进行职业健康检查。**
对未控制的疾病的说明		**A.4　本标准中未控制的疾病指未采取或采取干预措施经过常规规范治疗后，疾病的相关指标仍未控制在规定范围内。**
对健康检查周期的说明		**A.6　本标准中规定的健康检查周期为两次职业健康检查的间隔不应超过的最长时间。**
对推荐性职业健康检查项目的说明	A.2　对本标准中规定的在岗期间推荐性职业健康检查项目，用人单位应根据本单位职业病危害因素的性质、工作场所有害因素的浓度或强度以及所采取的防护措施等，认真听取职业健康检查机构的说明和建议，本着以人为本的理念，决定是否开展该检查项目和如何开展。鼓励用人单位将职业健康检查与医学健康检查结合。 **A.4　本标准中关于实验室和其他检查中的选检项目，职业健康检查机构应向用人单位说明选检项目的意义，双方共同协商决定是否进行选检项目的检查。职业健康检查机构如不具备开展选检项目的检查条件，亦应向用人单位说明。**	**A.7　本标准纳入的对人体只有急性健康损害的危害因素均列出明确的职业禁忌证，职业接触该类因素的劳动者上岗前职业健康检查为强制性，在岗期间职业健康检查为推荐性。推荐性检查内容参见附录 C。**用人单位应根据本单位职业病危害因素的性质、工作场所有害因素的浓度或强度以及所采取的防护措施等，认真听取职业健康检查机构的说明和建议，本着以人为本的理念，决定是否开展该检查项目和如何开展。
对特定情况下上岗前职业健康检查发现疑似职业病的说明		**A.9　在实际工作中应注意，由于工人的流动性，劳动者进行上岗前职业健康检查时也可能发现与职业病危害因素有关的异常，应注意既往职业接触史的问询，如为疑似职业病，应当告知劳动者本人并及时通知有关用人单位，同时向所在地卫生健康主管部门报告，并建议劳动者至职业病诊断机构进一步明确诊断。**

续表

要点	GBZ 188—2014	GBZ 188—2025
对健康检查周期的说明	A.5　本标准中对某些职业病危害因素，根据工作场所职业病危害作业分级规定了不同的健康监护周期。**工作场所职业病危害作业分级应根据有关标准，由负责作业场所的职业卫生监督机构做出**。	A.10　本标准中对某些职业病危害因素根据工作场所职业病危害作业分级规定了不同的健康检查周期。**用人单位提供的分级结果应真实可靠。未进行工作场所职业病危害作业分级或分级结果无效的，健康检查周期按 II 级及以上执行**。
本次修订增加的危害因素 / 作业		**增加了接触甲苯、溴丙烷、碘甲烷、环氧乙烷、氯乙酸、铟及其化合物、煤焦油、煤焦油沥青、石油沥青、β- 萘胺、金属及其化合物粉尘（锡、铁、锑、钡及其化合物等）、硬金属粉尘、毛沸石粉尘、低温、激光、蜱传脑炎病毒、布氏疏螺旋体、人免疫缺陷病毒作业人员及刮研作业、井下工人长期蹲跪姿、爬行、侧卧、肩扛作业、制造业工人长时间腕部重复作业或用力作业、参与突发事件处置的应急救援作业人员的健康监护。详见本书附录 1**。
肺功能检查	B.7.8　肺功能检查： a. 核对病人并在肺功能检查表格上登记病人个人相关信息； b. 询问受检者在过去三个月是否有大的腹部和胸部手术或者心脏疾病，如果有，不应做肺功能检查； c. 提醒受检者该项检查的目的是检查他们的肺通气功能，嘱受检者应根据测试人员的口令，尽最大努力，尽可能配合； d. 测试前应详细地说明测试过程，并认真地做测试动作示范，务使受检者完全理解并掌握全部测试过程中应如何和测试人员配合； e. 要求受检者解开紧身衣服，若不能确保假牙安全可靠，要求取出； f. 把吹筒放在口腔内，其前口应含到牙齿内，并保证在吹气时不漏气； g. 要求受检者站立做肺通气功能检测，如果不能站立，在表格上填上说明受检者是坐着检测的编号； h. 要求受检者下巴微抬和脖子微伸； i. 夹住鼻子（测试与测试之间鼻夹可以移开）； j. 准备好后令受检者平静呼吸 3~5 次后，尽最大努力深吸气到最饱满状态（不能再吸气为止），要求受检者以最快速度、最大力的把气吹进吹筒（呼气时应用嘴唇含紧吹筒用最大力和最快速度吹），并持续用力至少坚持 4s~6s 以上； k. 每位受检者至少测试三次，以测定值最大的为结果； l. 检查每次测试记录图形，判定是否最大用力，有无停顿、换气、漏气或其他影响测试结果的异常，并应记录下来。对测试结果应给予评价，如满意、不满意、不能合作或拒绝合作等。	B.2.7.8.1　**检查仪器：肺功能仪（肺量计）。肺功能仪每日使用前应进行至少 1 次环境定标和定标筒校准，并按照 JJF 1213 的规定进行定期校准。每次开机应预热，保证机器进入稳定的工作状态**。 B.2.7.8.2　**检查方法** a. 核对受检者并在肺功能检查表格上登记受检者个人相关信息； b. 询问受检者病史、最近用药情况，排除受检者肺通气功能检查的禁忌证； c. 对受检者应详细解释检查步骤及注意事项，嘱受检者应根据测试人员的口令，尽最大努力，尽可能配合； d. 认真地做测试动作示范，务使受检者完全理解并掌握全部测试过程中应如何和测试人员配合，也可播放演示视频，强化受检者对检查动作的认识； e. 要求受检者解开紧身衣服，若不能确保假牙安全可靠，要求取出； f. 受检者宜采取站立位或坐位，口含吹筒，嘴唇包严筒口，确保嘴角无漏气，夹上鼻夹（检查与检查之间鼻夹可以移开），下巴微抬，脖子微伸； g. 令受检者平静呼吸 3 次 ~5 次，待基线平稳后，尽最大努力深吸气到肺总量位，然后以最快速度、最大力量把气吹进吹筒，并持续用力至少坚持 4s~6s 以上； h. 每位受检者至少测试三次，以测定值最大的为结果； i. 检查每次测试记录图形，判定是否最大用力，有无停顿、换气、漏气或其他影响测试结果的异常，并应记录下来。对测试结果应给予评价，如满意、不满意、不能合作或拒绝合作等； j. **报告中数据应以表格形式显示。可结合肺通气功能数据、容积 – 时间（V–T）曲线和流量 – 容积（F–V）曲线对肺通气功能障碍类型进行评估**。

续表

要点	GBZ 188—2014	GBZ 188—2025
纯音听阈测试		B.2.7.9.1　检查仪器：听力计。听力计应符合 GB/T 7341.1 的要求。每天开机后需要自检，自己配戴换能器（即气导耳机和骨振器），测试各个频率，观察声音是否有异常。 B.2.7.9.2　检查方法（以手控听力计检查为例） a. 测听前应先进行耳科常规检查。核对受检者，询问脱离噪声作业环境的时间，并详细记录。做耳镜检查，如外耳道有堵塞的耵聍，应将其除去并视情况延迟一段时间再做测听； b. 对受检者说明检查程序、左右耳检查顺序、如何作出反应以及注意事项等； c. 去掉眼镜、头饰和助听器，确认外耳道无异物并帮受检者正确佩戴换能器（即气导耳机和骨振器），不让受检者触碰换能器； d. 在测听之前先让受检者熟悉测试音及应如何配合作出反应； e. 测试音的输出应连续给音 1s~2s，当受试者有反应时，测试音发送之间歇应予以改变，但不应比测试音时程短； f. 测试频率为 500Hz、1000Hz、2000Hz、3000Hz、4000Hz、6000Hz； g. 在给测试音级时，两种测听法（上升法和升降法）均可使用； h. 测试完一耳的全部测试频率后，重复 1000Hz 的测试。如果对该耳 1000Hz 的重复测试结果，与其在开始时测得的结果相差≤ 5dB，就可进行另一耳的测试； i. 测气导听阈时，当较差耳的气导听阈与较好耳骨导听阈差值≥ 40dB 时，较好耳应给予掩蔽；测骨导听阈时，对侧耳需加掩蔽。如需掩蔽，按 GB/T 16296.1 中 6.2.3.3（气导）和 8.5（骨导）的步骤进行； j. 听阈级可用表格或图表形式表达。用听力图表示时，应采用 GB/T 16296.1 规定的符号。 B.2.7.9.3　纯音听阈测试数据处理 a. 标准 7.1 节中判断噪声职业禁忌证或者疑似噪声聋时，纯音听阈测试结果应进行年龄性别修正； b. 纯音听阈的计算结果按四舍五入修约至整数。
强制 / 推荐性检查的编排	正文中按因素编排	**根据强制性国家职业健康标准全文强制的要求，将推荐性检查统一放入标准附录 C。**
附录	删除原附录 C《粉尘作业人员胸部数字 X 射线摄影（DR 摄片）技术要求》	**增加《职业健康检查总结报告编制指南》和《疑似职业病告知书》。详见标准附录 E、附录 G。**

（郭孔荣　余　晨）

附录3 GBZ 188以外常见职业病危害因素的职业健康检查项目设置建议

职业病危害因素	健康危害	参照 GBZ 188	建议增加项目
丁二酮、乙酰酮	可引起气道组织损伤和坏死，形成闭塞性细支气管炎，导致“爆米花肺”。肺功能呈阻塞性通气障碍，气道可逆试验阴性，表现为不可逆的气流受限。FEV_1年下降率大于15%，可以作为疾病筛查的标准。胸部HRCT显示支气管壁增厚和气体陷闭所致的马赛克征。肺组织病理示闭塞性细支气管炎，小气道炎症伴瘢痕形成	—	肺功能、胸部CT、眼科、皮肤科、耳鼻喉科
锂	主要损害肾脏和中枢神经系统，可能导致尿量增加、尿渗透压降低，增加肾脏的代谢负担，出现肾脏损害，如肾病变、肾性尿崩症等。可能影响神经细胞的正常发育，出现嗜睡、乏力等情况，随病情的发展可能出现共济失调、语言障碍等问题	—	肾功能、尿β_2-微球蛋白、肾脏彩超
锑	锑中毒会导致肾脏组织受到毒性物质的影响，出现急性或慢性炎症反应。这种炎症反应会致使肾小球滤过率下降，尿液中蛋白质含量增加，电解质平衡紊乱，进而诱发肾功能衰竭	—	肾功能、尿β_2-微球蛋白、肾脏彩超
三氯乙烷	长期接触或低剂量摄入三氯乙烷可能对肝脏产生慢性损害，其毒性作用主要为肝脏细胞损伤、酶系统干扰、免疫反应，首先导致脂肪变性，随着肝脏细胞的持续损伤和修复，肝脏内可能出现纤维组织的增生，最后可发展为肝硬化	—	肝脏彩超
苯乙烯	对眼及上呼吸道有强烈的刺激和麻醉作用。急性中毒：高浓度时，立即引起眼及上呼吸道黏膜的刺激，出现眼痛、流泪、流涕、喷嚏、咽痛、咳嗽等，继之头痛、头晕、恶心、呕吐、全身乏力等；严重者可有眩晕、步态蹒跚。眼部受苯乙烯液体污染时，可致灼伤。慢性影响：常见神经衰弱综合征，有头痛、乏力、恶心、食欲减退、腹胀、忧郁、健忘、指颤等。对呼吸道有刺激作用，长期接触有时引起阻塞性肺部病变。皮肤粗糙、皲裂和增厚	—	皮肤科
丙酮	轻微中枢神经抑制剂，高浓度丙酮蒸气可能引起头痛、恶心、头晕、嗜睡、动作不协调和精神混淆、刺激眼睛、吞食或呕吐时可能倒吸入肺部	—	无
丙烯	本品为单纯窒息剂及轻度麻醉剂	—	无

续表

职业病危害因素	健康危害	参照 GBZ 188	建议增加项目
丙烯腈	侵入途径：吸入、食入、经皮吸收。在体内析出氰根，抑制呼吸酶；对呼吸中枢有直接麻醉作用。急性中毒表现与氢氰酸相似。急性中毒：以中枢神经系统症状为主，伴有上呼吸道和眼部刺激症状。轻度中毒：有头晕、头木、意识朦胧及口唇紫绀等。眼结膜及鼻、咽部充血。重者除上述症状加重外，出现四肢阵发性强直抽搐、昏迷。液体污染皮肤，可致皮炎，局部出现红斑、丘疹或水疱。慢性中毒：长期接触，部分劳动者出现神经衰弱综合征、低血压等	氰及腈类化合物	无
丙烯酸酯	高浓度接触，引起流涎、眼及呼吸道的刺激症状，严重者可因肺水肿而死亡。误服急性中毒者，出现口腔、胃、食管腐蚀症状，伴有虚脱、呼吸困难、躁动等。长期接触可致皮肤损害，亦可致肺、肝、肾病变	—	眼科、皮肤科、肾功能
臭氧	吸入可能引起肺水肿，肺水肿症状常常数小时以后才变得明显，体力劳动使症状加重。吸入气体还可能引起哮喘反应，哮喘症状常常经过几个小时以后才变得明显，体力劳动使症状加重。液体可能引起冻伤。该物质可能对中枢神经系统发生作用，导致头痛，损害警觉和行为。反复和长时间接触该气体，肺可能受到影响	—	肺功能
单乙醇胺	蒸气对眼、鼻有刺激性。眼接触液状本品，造成眼损害；皮肤接触引起刺痛、灼伤。口服损害口腔和消化道	—	眼科、皮肤科、口腔科
碘化汞	如吸入、口服或经皮肤吸收可致死。对眼睛、呼吸道黏膜和皮肤有强烈刺激性。汞及其化合物主要引起中枢神经系统损害及口腔炎，高浓度引起肾损害	汞及其无机化合物	口腔科、尿 β_2-微球蛋白、尿汞、肾功能
叠氮化钠	本品与酸类剧烈反应产生爆炸性叠氮酸。与重金属及其盐类形成十分敏感的化合物。受热或撞击会发生爆炸。剧毒，本品比亚硝酸毒性强。许多中毒症状类似氰化物中毒。健康危害：粉尘与溶液能刺激眼睛和皮肤，引起水疱	氰化物	皮肤科、眼科
丁二烯	本品具有麻醉和刺激作用。急性中毒：轻者有头痛、头晕、恶心、咽痛、耳鸣、全身乏力、嗜睡等。重者出现酒醉状态、呼吸困难、脉速等，后转入意识丧失和抽搐，有时也可有烦躁不安、到处乱跑等精神症状。脱离接触后，迅速恢复。头痛和嗜睡有时可持续一段时间。皮肤直接接触丁二烯可发生灼伤或冻伤。慢性影响：长期接触一定浓度的丁二烯可出现头痛、头晕、全身乏力、失眠、多梦、记忆力减退、恶心、心悸等症状。偶见皮炎和多发性神经炎	—	皮肤科
丁酸丁酯	在工业生产中未发现对人的危害。动物中毒的表现为暂时的兴奋，共济失调，上呼吸道刺激，迅速发展至呼吸紊乱	—	无
丁酮	对眼睛、耳鼻喉、黏膜有强烈的刺激作用，长期接触可引起皮炎	—	皮肤科、眼科、耳鼻喉科

续表

职业病危害因素	健康危害	参照 GBZ 188	建议增加项目
二甲基二硫	主要作用于中枢神经系统，对呼吸系统、肝、肾有损害	—	无
二甲基亚砜	吸入、摄入或经皮肤吸收后对身体有害。对眼睛、皮肤、黏膜和上呼吸道有刺激作用，可引起肺和皮肤的过敏反应	—	眼科、皮肤科
二氯甲烷	其毒性在含氯甲烷中为最小，是典型麻醉剂，可引起呼吸和循环中枢麻痹。对呼吸道有刺激作用，可引起肺水肿	—	无
非甲烷总烃	直接影响主要是中枢神经，系统的麻醉作用；对皮肤黏膜有一定的刺激作用；严重的可引起皮炎、湿疹；对造血系统的慢性作用视芳香烃含量而定	苯、甲醛	耳鼻喉科、皮肤科、上腹彩超
硅酸钠	吸入本品蒸气或雾对呼吸道黏膜有刺激和腐蚀性，可引起化学性肺炎；液体或雾对眼有强烈刺激性，可致结膜和角膜溃疡。皮肤接触液体可引起皮炎或灼伤；摄入本品液体可腐蚀消化道，出现恶心、呕吐、头痛、虚弱及肾损害	—	皮肤科、眼科
航空煤油	急性中毒：吸入高浓度煤油蒸气，常先有兴奋，后转入抑制，表现为乏力、头痛、酩酊感、神志恍惚、肌肉震颤、共济运动失调；严重者出现定向力障碍、谵妄、意识模糊等；蒸气可引起眼及呼吸道刺激症状，重者出现化学性肺炎。吸入液态煤油可引起吸入性肺炎，严重时可发生肺水肿。摄入液态煤油引起口腔、咽喉和胃肠道刺激症状，会出现与吸入中毒相同的中枢神经系统症状。慢性影响：神经衰弱综合征为主要表现，还有眼及呼吸道刺激症状、接触性皮炎、皮肤干燥等	汽油	眼科、皮肤科、血糖
环氧树脂	制备和使用环氧树脂的劳动者，可有头痛、恶心、食欲不振、眼灼痛、眼睑水肿、上呼吸道刺激、皮肤病症等。本品的主要危害为引起过敏性皮肤病，其表现形式为瘙痒性红斑、丘疹、疱疹、湿疹性皮炎等	—	皮肤科
环已烷	对眼和上呼吸道有轻度刺激作用，持续吸入可引起头晕、恶心、倦睡和其他一些麻醉病症。液体污染皮肤可引起痒感	正已烷	血糖
甲基磺酸	腐蚀物能引起呼吸道刺激，伴有咳嗽、呼吸道阻塞和黏膜损伤。吸入该物质可能会引起对健康有害的影响或呼吸道不适。意外食入本品可能对个体健康有害。皮肤直接接触造成严重皮肤灼伤。通时割伤、擦伤或病变处进入血液，可能产生全身损伤的有害作用。眼睛直接接触本品能造成严重化学灼伤。如果未得到及时、适当的治疗，可能造成永久性失明。	酸雾	眼科、皮肤科、肺功能
甲基叔丁基醚	本品蒸气或雾对眼睛、黏膜和上呼吸道有刺激作用，可引起化学性肺炎。对皮肤有刺激性	—	眼科、皮肤科
甲氢呋喃	如果遵照规格使用和储存则不会分解，未有已知危险反应，避免氧化物、酸、卤化物。急性中毒：皮肤刺激、眼睛刺激	—	皮肤科、眼科

续表

职业病危害因素	健康危害	参照 GBZ 188	建议增加项目
聚乙烯醇缩丁醛树脂	聚乙烯醇缩丁醛是热熔性高分子化合物，呈白色或淡黄色粉粒状	有机粉尘	肺功能
邻苯二甲酸二辛（丁）酯	吸入、摄入或经皮肤吸收后对身体有害。对皮肤有刺激作用，其蒸气或烟雾对眼睛、黏膜和上呼吸道有刺激作用。接触后可致胃肠功能紊乱	—	皮肤科、眼科、耳鼻喉科
硫化钠	本品在胃肠道中能分解出硫化氢，口服后能引起硫化氢中毒。对皮肤和眼睛有腐蚀作用	硫化氢	无
硫酰氟	对眼睛、皮肤、黏膜有强烈的刺激作用，可引起恶心、呕吐、腹痛、皮肤瘙痒等症状	—	眼科、皮肤科
六氟化硫	六氟化硫是一种窒息剂，在高浓度下会呼吸困难、喘息、皮肤和黏膜变蓝、全身痉挛。吸入 80% 六氟化硫 +20% 的氧气的混合气体几分钟后，人体会出现四肢麻木，甚至窒息死亡。我国规定，操作间空气中六氟化硫气体的允许浓度不大于 $6g/m^3$ 或空气中氧含量应大于 18%；短期接触，空气中六氟化硫气体的允许浓度不大于 $7.5g/m^3$。六氟化硫在药理上是惰性气体，低毒但对人体有窒息作用。在生活或使用过程中会分解一些痕量的有毒硫的低氟化合物和氟氧化合物	有机氟	肺功能
钼	对眼睛、皮肤有刺激作用。部分接触者出现尘肺病变，有自觉呼吸困难、全身疲倦、头晕、胸痛、咳嗽等	无机粉尘	肺功能
钼酸铵	吸入、摄入或经皮肤吸收后对身体有害，对眼睛、皮肤、黏膜和上呼吸道有刺激作用。目前，未见职业中毒的报道	—	皮肤科、眼科
三甲胺	对眼、鼻、咽喉和呼吸道的刺激作用。浓三甲胺水溶液能引起皮肤剧烈的烧灼感和潮红，洗去溶液后皮肤上仍可残留点状出血。长期接触可感到眼、鼻、咽喉干燥不适	—	眼科、耳鼻喉科、皮肤科
三氯苯	本品对眼、上呼吸道、黏膜、皮肤有刺激作用。慢性接触的劳动者出现头痛、恶心、上腹和心前区痛，部分劳动者肝大，有上呼吸道及眼结膜刺激症状	—	上腹彩超、眼科、皮肤科
三氯甲烷	主要作用于中枢神经系统，具有麻醉作用，对肝、肾有损害作用。吸入或经皮肤吸收引起急性中毒，初期有头痛、头晕、恶心、呕吐、兴奋、皮肤黏膜有刺激症状，以后呈现精神紊乱、呼吸表浅、反射消失、昏迷等，重者发生呼吸麻痹、心室纤维性颤动，并可有肝、肾损害。误服中毒时，胃有烧灼感，伴恶心、呕吐、腹痛、腹泻。以后出现麻醉症状。慢性中毒：主要引起肝脏损害，此外还有消化不良、乏力、头痛、失眠等症状，少数有肾损害	—	肾功能
三氯乙烷	急性中毒主要损害中枢神经系统。轻者表现为头痛、眩晕、步态蹒跚、共济失调、嗜睡等，重者可出现抽搐，甚至昏迷。可引起心律不齐。对皮肤有轻度脱脂和刺激作用	—	皮肤科

续表

职业病危害因素	健康危害	参照 GBZ 188	建议增加项目
三乙醇胺	本品对局部有刺激作用。皮肤接触可致皮炎和湿疹，与过敏有关。本品蒸气压低，工业接触中吸入中毒的可能性不大	—	皮肤科
石油醚	其蒸气或雾对眼睛、黏膜和呼吸道有刺激性。中毒表现可有烧灼感、咳嗽、喘息、喉炎、气短、头痛、恶心和呕吐。本品可引起周围神经炎，对皮肤有强烈刺激性	—	眼科、皮肤科
双氧水	吸入本品蒸气或雾对呼吸道有强烈刺激性。眼直接接触液体可致不可逆损伤甚至失明。口服中毒出现腹痛、胸口痛、呼吸困难、呕吐、一时性运动和感觉障碍、体温升高等。个别病例出现视力障碍、癫痫样痉挛、轻瘫。长期接触本品可致接触性皮炎	—	皮肤科、眼科
钽及其化合物	主要的刺激性影响：刺激皮肤、眼睛；致敏作用：没有已知的敏化作用	—	皮肤科、眼科
溴化氢	长期低浓度接触可引起呼吸道刺激症状和消化功能障碍	—	无
乙苯	本品对皮肤、黏膜有强烈刺激性，高浓度有麻醉作用。急性中毒：轻度中毒有头晕、头痛、恶心、呕吐、步态蹒跚、轻度意识障碍及眼和上呼吸道刺激症状。重者发生昏迷、抽搐、血压下降及呼吸循环衰竭。可有肝损害。直接吸入本品液体可致化学性肺炎和肺水肿 慢性影响：眼及上呼吸道刺激症状、神经衰弱综合征，皮肤出现粗糙、皲裂、脱皮	—	眼科、皮肤科
乙醇	中枢神经系统抑制剂。首先引起兴奋，随后抑制。急性中毒：急性中毒多发生于口服，一般可分为兴奋、催眠、麻醉、窒息四阶段。患者进入第三或第四阶段，出现意识丧失、瞳孔扩大、呼吸不规律、休克、心力循环衰竭及呼吸停止。慢性影响：在生产中长期接触高浓度本品可引起鼻、眼、黏膜刺激症状，以及头痛、头晕、疲乏、易激动、震颤、恶心等。长期酗酒可引起多发性神经病、慢性胃炎、脂肪肝、肝硬化、心肌损害及器质性精神病等。皮肤长期接触可引起干燥、脱屑、皲裂和皮炎	醇	眼科、眼底、耳鼻喉科、皮肤科、上腹彩超
乙二醇	国内未见本品急慢性中毒报道。国外的急性中毒多系误服引起。吸入中毒表现为反复发作性昏厥，并可有眼球震颤，淋巴细胞增多。口服后急性中毒分三个阶段：第一阶段主要为中枢神经系统症状，轻者似乙醇中毒表现，重者迅速产生昏迷、抽搐，最后死亡；第二阶段心肺症状明显，严重病例可有肺水肿、支气管肺炎、心力衰竭；第三阶段主要表现为不同程度肾功能衰竭	—	无
乙二醇丁醚	吸入本品蒸气后，导致呼吸道刺激及肝肾损害。蒸气对眼有刺激性，皮肤接触可致皮炎	—	皮肤科、肾功能

续表

职业病危害因素	健康危害	参照 GBZ 188	建议增加项目
乙醚	侵入途径：吸入、食入、经皮肤吸收。本品的主要作用为全身麻醉。急性大量接触，早期出现兴奋，继而嗜睡、呕吐、面色苍白、脉缓、体温下降和呼吸不规则，而有生命危险。急性接触后的暂时后作用有头痛、易激动或抑郁、流涎、呕吐、食欲下降和多汗等。液体或高浓度蒸气对眼有刺激性。慢性影响：长期低浓度吸入，有头痛、头晕、疲倦、嗜睡、蛋白尿、红细胞增多症。长期皮肤接触，可发生皮肤干燥、皲裂	—	皮肤科
乙酸乙酯	对眼、鼻、咽喉有刺激作用。高浓度吸入可引进行性麻醉作用，急性肺水肿，肝、肾损害。持续大量吸入，可致呼吸麻痹。误服者可产生恶心、呕吐、腹痛、腹泻等。有致敏作用，因血管神经障碍而致牙龈出血，可致湿疹样皮炎。慢性影响：长期接触本品有时可致角膜浑浊、继发性贫血、白细胞增多等	—	眼科、眼底
异丙醇	接触高浓度蒸气出现头痛、倦睡、共济失调以及眼、鼻、喉刺激症状。口服可致恶心、呕吐、腹痛、腹泻，倦睡、昏迷甚至死亡。长期皮肤接触可致皮肤干燥、皲裂	—	皮肤科
异戊烷	吞食对肺有危害，经常接触可导致皮肤干裂、破损，蒸气会导致昏迷。环境危害：对水生生物有毒，可产生长期不利影响	—	皮肤科
正丁醛	对眼、呼吸道黏膜及皮肤有强烈刺激性。吸入可引起喉、支气管的炎症、水肿和痉挛，化学性肺炎，肺水肿等疾病。长期或反复接触对个别敏感者可引起变态反应	甲醛	耳鼻喉、眼科、肺功能
正庚烷	本品有麻醉作用和刺激性。急性中毒：吸入本品蒸气可引起眩晕、恶心、厌食、欣快感和步态蹒跚，甚至出现意识丧失和木僵状态。对皮肤有轻度刺激性。慢性影响：长期接触可引起神经衰弱综合征。少数人有轻度中性白细胞减少，消化不良	—	皮肤科
重铬酸钾	急性中毒：吸入后可引起急性呼吸道刺激症状、鼻出血、声音嘶哑、鼻黏膜萎缩，有时出现哮喘和紫绀。重者可发生化学性肺炎。口服可刺激和腐蚀消化道，引起恶心、呕吐、腹痛和血便等；重者出现呼吸困难、紫绀、休克、肝损害及急性肾功能衰竭等。慢性影响：有接触性皮炎、铬溃疡、鼻炎、鼻中隔穿孔及呼吸道炎	铬及其无机化合物	皮肤科、耳鼻喉科

（秦　莹）

参考文献

［1］李德鸿，江朝强，王祖兵，等. 职业健康监护指南［M］. 2 版. 上海：东华大学出版社，2012.

［2］李涛. 中外职业健康监护与职业病诊断鉴定制度研究［M］. 北京：人民卫生出版社，2013.

［3］中华人民共和国卫生部卫生监督司. 中国卫生监督法规汇编　劳动卫生和职业病法规分册（1951—1990）［M］. 沈阳：沈阳出版社，1991.

［4］杨成新，何平. 职业健康检查全流程质量管理［M］. 武汉：华中科技大学出版社，2022.

［5］王忠旭，李涛. 职业健康风险评估与实践［M］. 北京：中国环境出版社，2016.

［6］李德鸿，赵金垣，李涛. 中华职业医学［M］. 北京：人民卫生出版社，2018.

［7］万学红，卢雪峰. 诊断学［M］. 北京：人民卫生出版社，2024：507–510.

［8］高树生. 德国的职业安全与健康管理［J］. 安全健康和环境，2011，11（4）：2–3.

［9］孙胤羚，邵华. 美国职业健康监护和职业病诊断鉴定制度研究及对我国的启示［J］. 工业卫生与职业病，2012，38（3）：129–133.

［10］钱亚玲，徐承敏，陈钧强，等. 中国与日本职业健康监护体系比较研究［J］. 工业卫生与职业病，2011，37（6）：325–328.

［11］李涛，王焕强. 我国职业健康监护体系的历史和发展［J］. 工业卫生与职业病，2012，38（6）：321–326.

［12］李涛. 如何理解《职业健康检查管理办法》的修改［J］. 劳动保护，2019（6）：74–77.

［13］余晨，李德鸿，孙道远，等.《职业健康监护技术规范》标准修订介绍［J］. 中国职业医学，2023，50（2）：209–216.

［14］张伟军. 我国职业健康检查机构发展现状和形势分析［J］. 工业卫生与职业病，2020，46（6）：491–494，498.

［15］刘移民，苏艺伟，周牧鹰，等. 我国职业健康监护工作进展与发展思路［J］. 职业卫生与应急救援，2019，37（3）：209–212.

［16］朱秋鸿，蒋铁文，余晨.《职业健康监护技术规范》中“接触有害生物因素作业人员职业健康监护”部分修订探讨［J］. 中国卫生标准管理，2019，10（13）：1–4.

［17］曹钟兴，朱玉华，郭九吉，等. 职业性健康检查的实践与体会［J］. 劳动医学，1999，16（4）：266.

［18］陆业波. 引入“行动水平”后需配套解决的问题［J］. 职业卫生与应急救援，2017，35（3）：286–288.

［19］毕飞，刘桔，曾茂华. 在岗期间职业健康检查引入“行动水平”管理的探讨［J］. 中国工业医学杂志，2018，31（3）：238–239.

［20］汪严华，陈江天，林松，等. 职业健康检查与职业病诊断常见问题分析与处置［J］. 中国公共卫生管理，2009，25（2）：167–168.

［21］陈志先. 职业健康检查机构诊断报告疑似职业病病例责任探讨［J］. 中国职业医学，2007，34（2）：133–134.

［22］汪永忠，王宇佳，雷存容，等. 噪声作业职业健康检查结论相关问题探讨［J］. 中国职业医学，2019，46（5）：617–621.

[23] 李树强，毛丽君，关里，等 . 我国职业健康监护工作进展浅析 [J]. 中国工业医学杂志，2013，26 (2)：102–104.

[24] 贾光，沈惠麟 . 以生物标志物研究为切入点推动生物监测的发展 [J]. 中华预防医学杂志，2006，40 (6)：379–380.

[25] 谢晓霜，朱秋鸿 . GBZ 2. 1 与职业卫生相关检测方法标准对应关系研究 [J]. 中国卫生标准管理，2022，13 (19)：1–5.

[26] 杨艳伟，孙琦，张卓娜，等 . 美国 NBP 项目与我国生物监测分析及思考 [J]. 环境卫生学杂志，2018，8 (4)：315–320.

[27] 孙玮奇，邬春华，周志俊 . 全国性人体生物监测项目研究进展 [J]. 职业卫生与应急救援，2021，39 (2)：230–235.

[28] 李爱玲，宋健 . 生物标志物分类及其在临床医学中的应用 [J]. 中国药理学与毒理学杂志，2015，29 (1)：7–13.

[29] 侯志宏，封小林 . 医疗质量管理体系的完善与思考 [J]. 中国医院管理，2010，30 (10)：77–78.

[30]《中华健康管理学杂志》编辑委员会，中华医学会健康管理学分会 . 健康体检质量控制指南 [J]. 中华健康管理学杂志，2016，10 (4)：258–264.

[31] 关里，毛丽君，李树强 . 加强质控管理对持续改进职业健康检查质量作用的探讨 [J]. 中国工业医学杂志，2020，33 (3)：273–275.

[32] 邓婕 . 职业健康监护法律制度研究 [D]. 徐州：中国矿业大学，2015.

[33] 国家卫生和计划生育委员会 . 职业健康监护技术规范 (GBZ 188—2014) [S]. 北京：中国标准出版社，2014.

[34] 国家卫生健康委员会 . 职业健康监护技术规范 (GBZ 188—2025) [S/OL]. [2025-09-01]. https://www.nhc.gov.cn/wjw/pyl/202509/1e939d64e61a4ac6b9d31191c5569c34.shtml.

[35] 国家卫生和计划生育委员会 . 职业人群生物监测方法　总则 (GBZ/T 295—2017) [S]. 北京：中国标准出版社，2019.

[36] 国家卫生健康委员会 . 工作场所有害因素职业接触限值　第 1 部分：化学有害因素 (GBZ 2. 1—2019) [S]. 北京：中国标准出版社，2019.

[37] International Labour Office. Fundamental Principles of Occupational Health and Safety. Second edition [M]. Geneva，Switzerland：International Labour Organization，2008.

[38] International Labour Office. Technial and Ethical Guidelines for Worker's Health Surveillence (Occupational Safety and Health Series No. 72) [R]. Geneva，Switzerland：International Labour Organization，1998.

[39] U. S：National Institute for Occupational Safety and Health. Current Intelligence Bulletin 65：Occupational Exposure to Carbon Nanotubes and Nanofibers [R]. 2013.

[40] National Institute for Occupational Safety and Health. (2012). NIOSH program portfolio：Surveillance [Z/OL]. U. S，2012 [2024-10-12]. https://www.cdc.gov/niosh/research-programs/portfolio/surveillance.html.

[41] U. S. Department of Labor，Occupational Safety and Health Administration. Safety and health topics：Medical screening and surveillance. (2007). [Z/OL]. U. S，2007 [2024-10-18]. http://osha.gov/TC/medicalsurveillance/index.html.

[42] HSE (Health and Safety Executive). 2017. Data sources. (2017). [Z/OL]. U. S，2017 [2024-12-10]. http://www.hse.gov.uk/statistics/sources.html.